为什么时间总是不够用

[德]马克·列克劳（Marc Reklau）著
赵丽荣 译

科学技术文献出版社
SCIENTIFIC AND TECHNICAL DOCUMENTATION PRESS
·北京·

图书在版编目（CIP）数据

为什么时间总是不够用 /（德）马克·列克劳（Marc Reklau）著；赵丽荣译 .— 北京：科学技术文献出版社，2019.11

书名原文：The Productivity Revolution: Control your time and get things done!

ISBN 978-7-5189-6157-3

Ⅰ.①为… Ⅱ.①马… ②赵… Ⅲ.①时间—管理 Ⅳ.① C935

中国版本图书馆 CIP 数据核字（2019）第 237694 号

北京市版权局著作权合同登记图字：01-2019-6217

为什么时间总是不够用

策划编辑：王黛君　李佳铌　责任编辑：吕海茹　王　娇　责任校对：张吲哚　责任出版：张志平

出　版　者	科学技术文献出版社
地　　　址	北京市复兴路 15 号　邮编 100038
编　务　部	（010）58882938，58882087（传真）
发　行　部	（010）58882868，58882870（传真）
邮　购　部	（010）58882873
官 方 网 址	www.stdp.com.cn
发　行　者	科学技术文献出版社发行　全国各地新华书店经销
印　刷　者	天津中印联印务有限公司
版　　　次	2019 年 11 月第 1 版　2019 年 11 月第 1 次印刷
开　　　本	880 × 1230　1/32
字　　　数	79 千
印　　　张	7
书　　　号	ISBN 978-7-5189-6157-3
定　　　价	45.00 元

前　言

我们常说时间是人们所拥有的最宝贵的东西，但我们很多人却在浪费时间。当你问人们为什么不去追求自己的梦想，或者为什么不去做更多自己喜欢做的事情时，得到的答案往往是“我没有足够的钱”或者“我没有足够的时间”。有钱人通常会说：“我没有足够的时间。”

与朋友和客户在一起时，我最常听到的借口就是“我没有时间”，即使是明显有很多时间的人，也会坚称自己没有足够的时间。

因为经常听到人们说没时间，所以在完成了我之前的两本书后，我写了这本关于时间管理和效率的书，希望读者可以毫无压力地把自己该做的事情做好，并有更多的时间去做自己喜欢的事情。也许你会成为一个成功的商业人士、企业家或员工，有足够的时间和家人在一起。时间就在那里，我们去寻找吧！

“好的，马克。这很好……但是这里的效率是指什么？”你可能会问。

这里的效率是指除了要学习并使用常用的时间管理工具之外，我们还要了解“效率的内在游戏”，它会检查你，包括你的态度、你的信念等等，而这就是真正的高效，我们将着眼于让你更快乐地练习。

事实证明，快乐的大脑更有效率。因此，如果你感到高兴，在使用相同工具的条件下，你的效率会比那些处于中立或悲观状态的人高出20%~30%。这就是一条新消息，不是吗？

虽然我们已经知道时间是无法管理的（一天就是24个小时，每个人拥有的时间是一样多的，除非你能弯曲时间），我们能管理的只是如何更有效地运用时间，但是我还是会用“时间管理”这个词，因为我们一直在用这个词，也因为我喜欢这个词。

书中可能会重复一些概念。我这样做不是为了惹人厌，也不是为了要填满内容而使用不必要的文字。之所以会出现这种情况，是因为许多概念是相互联系的。好吧，我承认，我也希望通过重复让读者能够更好地记住最重要的概念。

我没有用太多的感叹号。一些读者抱怨在《出众，从改变习惯开始》那本书里感叹号太多。看，我是很认真地对待您的反馈的。那么为什么是效率呢？很简单：效率越高，拥有的时间就越多。听起来很无聊？那么……效率越高，赚的钱就越多呢——无论是工作，还是兼职创业，甚至是通过自己的爱好赚钱。

现在有引起你的注意吗？我希望有！

像往常一样，我只写了我在生活中为了把事情做好及继续前进而养成的习惯。这些习惯帮助我多写了两本书，帮助我在过去12个月里设计了各种在线课程和讲习班，帮助我在一家图书印刷公司中生存下来（可能是欧洲最高效的一家印刷公司，只有8个人负责每年1200多个图书项目），帮助我将工作时间减半，而且从来不需要在周末工作或加班。

有趣的是，我的朋友们说："哦，马克，你是畅销书作家了，我们要见你，可能得预约了。"但事实是我总是有时间见他们，最后变成了我要见他们得提前预约……

我的效率这么高，但我连一个助理都没有，仍然亲自回复每一封电子邮件——顺便说一下，这是一种快乐。

我知道现在"流行"虚拟助理帮助回复："我很忙，客户太多了，我甚至都没时间回复我自己的邮件。"但当我读到个人发展大师布兰登·伯查德

（Brendon Burchard）在个人账户拥有第一个100万美元之前什么都是自己做的时候，我决定，我也可以自己完成自己的事情。我还注意到，最成功的人都会回复自己的电子邮件，因为他们大多也是最高效的人。

回到效率……

我们往往忽视了工作中的效率，没有真正分析过自己的工作过程——顶多只是尽力完成工作并在这个过程中尽可能不出问题——而这正是问题所在。

当我们意识到自己的工作过程的重要性时，我们就可以开始进行分析，看看我们在哪里浪费了宝贵的时间并进行改正，最后我们就能有足够的时间来完成我们的工作以及更多的事情。

另一个问题是，人们往往不清楚忙碌和高效之间存在着巨大差异。在我们成长的环境中，人们鼓励我们忙碌工作，加班加点，而高效和有条理的工作往往被视为“没有很多工作要做”。我甚至都还没有说要早点下班或准时下班。你可能一整天都忙得不可开交，却没有完成任何一项重要的工作。但是，一旦你开始追求结果，而不是忙碌，事情就会改变，这将产生巨大的不同。

我的客户通常找不到30分钟或1个小时的空闲时间段，他们通常是这里找1分钟，那里找3分钟。但是时间是可以累积的。

你将在这本书中读到的工具和习惯并不是新生事物，本书也没有提出新的秘诀，而且其中大部分你可能都知道，但重点就在这——光知道是不够的。

如果你厌倦了没有时间去做自己想做的事情，厌倦了总是很忙，你就必须开始行动起来，利用一些工具来寻找时间。

这些工具并不是对所有人都适用。选择那些你觉得最舒服的，然后从那里开始。在一段时间内坚持做这些事情并分析结果。

你将学到的大部分内容都是常识。但是同样的，常识并不是常见的行为或者像其他人说的那样，“常识是所有感官中最不常见的”。

这东西有用，但前提是你要这样做！这很简单，但并不容易。如果这很容易，我们就都会有足够的时间……但大多数人都没有。是时候改变了，让我们再次回归习惯。

正如亚里士多德在2500年前就已经说过：“我们反复做的事情造就了我们。”因此，优秀不是一种行为，而是一种习惯。效率也是如此。

如果你一直在加班，却没有完成工作，那么也许是时候改变一些事情了，或者就像阿尔伯特·爱因斯坦（Albert Einstein）曾经说的那样：“所谓疯狂，就是一遍又一遍地做同样的事情，却期待有不同的结果。”

我会向你介绍一些提高效率所需的工具和习惯。重要的是你不需要把书中所说的全部做到，只要选择其中的一两项坚持每天做就可以了。重点是要坚持。如果你哪天忘记做了也不要担心，因为很多人会因此而放弃。你可以这样想：如果7天中有6天这样做，这样持续4~6周，总比什么都不做要好，你会看到成果的。

记住：改变你生活的是你每天做的事情，而不是你偶尔做的事情。

在30天内养成你所选择的习惯，看看会发生什么。我看到被我指导的客户取得了巨大的成功，如果你这样做，你的生活也会改变!

那么，我们如何提高效率呢？在本书中，我们将介绍常见的时间管理技巧，如“设定目标”“有条理”“优先级”“计划和日程安排”等。你将学会识别干扰以及如何有效地处理它们。我们将知道什么是拖延，以及如何克服它。在第二章中，我将介绍一些能赢得更多时间的简单的习惯，第三章，也是最重要的一点：“跃升：心态的重建”，这可能比工具和技巧更重要。如果你的信念和态度不正确，那么所有的工具和习惯都不会那么有效。换句话说，如果你的信念和态度是正确的，那么你会看到惊人的结果。

听起来还不错？那我们开始吧！

目　录

第一章
开始：赢在起跑线

第二章

进阶：高效能人士的 13 个习惯

第三章

跃升：心态的重建

第四章

如何成为时间管理高手

第 一 章

开始：赢在起跑线

■你有多自律，时间就有多自由

我们开始吧！

之所以把自律和决心作为第一章，是因为只有当你足够自律，并下定决心要在自己的生活中找到时间时，你才能变得更有效率。

不要成为那些说“我想多读书”“我想多锻炼”“我想写本书”“我想多到大自然里去走走”，然后就不去做的人之一。

自律和决心是一种性格特征，它将决定你是否能够按照你所说的去做，从制定一份时间表并坚持下去开始，或者从提前计划好你的每一天开始。

即使没有心情，也要去做你需要做的事情。

不是很自律？别担心。你可以从现在开始训练你的自律！这就像锻炼肌肉一样，训练得越多，效果就越好。

如果你的自律能力很弱，那就先通过给自己设定一些可以达到的小目标来开始训练吧，比如：

- 每天写1000字而不是写一本书。
- 每周有1天1小时不接电话。
- 起床后的90分钟内不看手机、社交网络和电子邮件等等。

重要的是你要信守承诺——信守对他人的承诺，

也要信守对自己的承诺。

不遵守承诺会带来可怕的后果：你会失去活力，更糟糕的是，这会影响你的自尊！

只承诺你真正想承诺的事情。这可能意味着更少的承诺和更多的“不”，但是“你已经获得了时间……如果你承诺了——无论付出什么代价，都要信守承诺”。

说“不”是非常重要的，而且这可能是较好的时间管理技巧之一，本书将会有一个单独的章节进一步说明这一点。

进入下一节！

▬设定目标，走出低效误区

如果你和大多数人一样，那么你也许会高估自己一周能做的事情，却低估了自己一个月能做的事情。如果你一步一步来，并保持灵活性，那么随着时间的推移，你可以完成一些你以前想象不到的事情。这就像复利一样越攒越多。每天进步一小步，岁月成就大事业。

写下你的目标，这会驱使你采取正确的行动。在提高效率的道路上，明确的目标是至关重要的。

你的目标就像导航一样引领你前进。但是要跟着导航走，首先你要知道你想去哪里。

实现目标的第一步是写下目标。直到3年多以前，我还不是一个目标设定者，并对此持怀疑态度。我开始写下我的目标，然后不可思议的事情发生了。我变得更有效率、更专注，完成了几个月前都无法想象的目标。

把你的目标写下来，什么也比不了致力于目标、实现目标，甚至超越目标的感觉（我想在2015年卖出2500本书，结果销量超出1.2万本——想象一下我当时的感觉……）。

当然，写下你的目标存在一定的风险：突然之间你将要量化你所取得的成就和你未实现的目标，无论如何都要有勇气去做。这样做很值得！

为什么要写下你的目标

1. 告诉自己，在一天5万到6万个想法中，写下来的想法是最重要的。

2. 你能够集中精力，关注那些能让你更接近目标的活动。而写下来的目标能够让你专注于努力的方向，也可以让你做出更好的决定。

3. 你可以每天查看你写下的目标。问问自己："此时此刻，我在做的事情让我更接近目标吗？还是我应该做点别的？"诸如此类的问题迫使你采取行动，并帮助你分清一天中所有事情的轻重缓急。

在开始设定目标之前，你必须清楚自己的目标是什么，准确并积极正面地描述每个目标。

然后把它们分解成小的、实际的、可实现的行动步骤，列出实现目标所要采取的所有步骤。

计算一下需要多长时间来达到目标，为每一个行动步骤和目标设定一个截止日期。如果你没有在设定的日期前达到目标，不要担心，这只是一种专注于目标和制造紧迫感的方法。

在你的脑海中为你的目标建立一个清晰的愿景。想象自己已经实现了目标：有什么样的感觉？看上去怎么样？听起来如何？

还有一点很重要：追求目标时，不但要奖励实现了目标的自己，更要奖励付出了努力的自己。如果你每天赢得10分钟，你就在进步。每天赢得10分钟，4个星期后就将近两个半小时！这比你现在拥有的时间多，不是吗？

一些有帮助的小事情：

· 在钱包里放一张写有时间管理目标的小卡片，每天读4~5遍。读得越多越好。

· 列个任务清单。把你的行动步骤和完成任务所需要的时间都列出来，并为每一项任务设定截止日期。

• 我建议你每天、每周、每月都要检查一遍你的目标——这会大大提高你的效率！

■事前计划，效率翻倍的秘密

我相信你一定听过这样的话：“如果花一半的时间计划，你做事情的速度将会快一倍！”或者，“如果你不知道你要去哪里，你就不会到达目的地。”

这些听起来没什么特别的，但我们都知道这是有一定道理的，然而……你在计划你的每一天吗？或者你只是处于飘飘浮浮、毫无目的的状态，每天重复着同样的事情？

制订计划的习惯改变了我的生活，也可能已经完全改变了你的生活。

提前制订好你的日计划、周计划甚至是月计划，这会帮助你分清事情的轻重缓急并安排好你的重要工作。

我已经完全迷上了做计划。我会有规律地在周日下午进行未来一周的计划安排，“今天做好明天的计划”让我获得了很多时间和内心的平静。

怎么做呢？列个任务清单。把你要做的每一件事情都写下来，给清单上的每一个任务设置一个时限。把这份清单放在你随时可见的地方，这会帮助你保持专注。

还有一个好方法：安排整块的时间工作。我通常工作一个半小时，然后休息30分钟；如果是流动状态的话，那么工作3个小时，然后休息2个小时。

问问自己，你明天想要做的5件事是什么？

选择能让你更接近完成目标的事情和行动，并指定完成每一个行动所需要的时间。

不要忘记把空闲时间、娱乐时间和旅行时间安排到你的日程表中，并为可能出现的紧急情况预留一点时间。

制订每日计划

计划好你的一天：安排缓冲时间来应对一些意想不到的事情。为你的午睡、休闲和娱乐预留一些时间。记住：不要太忙于追求结果。

年度计划

把你的年度目标分成季度目标。在3月底之前，你必须完成哪些事情才能实现年度目标？

月度目标

每天关注你的周目标。为了实现你的月度目标和季度目标，本周你需要完成哪些事情？

把要做的事情写在日历上

每天晚上看看你的日程表，看看你的目标是什么，以及接下来几天要做的事情是什么。这样第二天你就知道自己该做什么，并直接投入工作，而不是浪费宝贵的时间去想该做什么。

做记录

时不时检查自己：你都做了些什么？你是在集中精力做自己该做的事，向目标迈进，还是分心了？

记录下你所做的事情会让你对自己的效率有一个大致的了解，同时也能帮助你了解你为每一项任务计划的时间是切合实际还是过于乐观。

我有一个朋友，他总是认为他可以在1个小时内完成任务，却总是花两个小时才完成。这样，他不仅每项任务都“损失”了1个小时——每天很容易就会损失3个小时，而且会因此情绪低落。持续的失败感自然会打击他的自尊心。

我的高效率的一大秘诀，就是我总是给自己很多时间来完成不同的任务。

如果我认为我要在1个小时内完成任务，我就会给自己两个小时来完成这项任务。与上面例子中失意的朋友相比，我总是有足够的时间，并且能体验到提前完成任务的成功和喜悦，收获奖励和幸福。你几乎看不到我有压力。

你可以从我的主页www.goodhabitsacademy.com上下载我的年度、季度、每周和每日的计划，还有一些其他的指导手册。

制订日计划和周计划可能会遇到的问题：

·你没有时间去制订计划（周日下午花半小时来进行下一周的计划安排，可以创造奇迹）。

·你对自己的时间太过乐观，很难估计你完成每项任务所需要的时间。所以你总是需要更长的时间来安排计划，这会给你带来很大的压力。

·你没有为突发事件或突发任务预留时间，而你的日程安排每天都会因这些事件而被打乱。

▬要事为先，时间永远都够用

给事情按照轻重缓急来排序其实很简单，你只要把重要的和不重要的东西分开就行了。或者，正如西班牙较好的导师和演讲者之一维克托·库珀斯（Victor Küppers）所说："最重要的事情是，最重要的事情就是最重要的事情。"

不幸的是，很多时候需要先处理突然出现的紧急情况。

问问自己："明天最重要的任务是什么？"这会帮助你集中注意力，让你在第二天早上直接进入主题。

那么我们如何区分哪些事情是紧急的，哪些事情是重要的，哪些事情是不紧急、不重要的呢？

当你想按优先次序来划分你要做的事情时，有两种有用的方法：

第一个是史蒂芬·柯维（Stephen Covey）的"时间管理矩阵"，也被称为艾森豪威尔法则；第二个是"帕累托法则"，也叫作二八定律。

时间管理矩阵

史蒂芬·柯维介绍了通过使用四个象限来确定事情优先次序的想法。四象限法允许你根据任务的紧急性和重要性对任务进行优先排序。根据你把任务放在哪个象限，你可以决定这件事情是必须立即去做，还是可以推迟一些去做。

	紧急	不紧急
重要	第一象限： 紧急且重要	第二象限： 不紧急但重要
不重要	第三象限： 紧急但不重要	第四象限： 不紧急也不重要

首先，我们区分一下什么是重要任务和紧急任务。

重要任务是指那些直接有助于实现你的目标的任务，而紧急任务是那些需要你立即处理的任务。如果不及时处理紧急任务，就会导致不良后果，尽管这些任务往往与他人的目标相关。

以下是每个象限的意义总结：

1. 象限一——紧急且重要

应该提前预见的任务。

它只包括那些需要你立即关注的事情，比如紧急情况、非常重要的限期、紧迫的问题、最后的准备工作。（也许更好的计划能有所帮助？）

例如：危机、客户服务、新业务、延迟的活动、健康问题、偿还债务等。

2. 象限二——不紧急但重要

任务不是很紧急，但对将来有着重要的作用。

这是你进行战略规划的地方，任何与教育、健康、娱乐、锻炼以及职业相关的事情都可以。这里的任务现在可能并不紧迫，但从长远来看，这个象限是你可能想要花费大部分时间的地方。你在这里花的时间越多，你在产生压力的象限一上花的时间就越少；在象限二中规划得越好，将来在象限一中出现的任务就越少。

例如：准备、预防、规划、建立关系、自我发展、与家人度假、重要的社会活动。

3. 象限三——紧急但不重要

那些不重要但又似乎很紧急的任务都在这个象限。这一象限的活动往往高度紧急且令人心烦意乱。它们没有任何价值，更像是障碍。将这些任务最小化、删除、委派或进行重新安排。

如果是由别人引起的，那么如果有可能的话，就请礼貌地拒绝对方的请求。我们总是感觉有压力，是因为我们常常把象限三的任务和象限一的任务混淆了。我遇到过很多压力很大的客户，他们把时间花在了象限三，却认为他们处于象限一。一旦他们意识到两者的不同，他们的生活就有了很大的改善。

例如：干扰、低效的会议、不必要的电话、报告、检查邮件、工作返工、把时间浪费在他人身上。

4. 象限四——不紧急也不重要

如果你把大部分时间花在这个象限上，那么你要么就快被炒鱿鱼了，要么非常幸运你还没有被炒鱿鱼。象限四包含的任务和活动绝对是浪费时间，根本没有任何价值。这些任务很容易让人分心。把这个象限里的所有任务删除，或者干脆直接避免！

例如：毫无目的地上网、看电视或YouTube视频、在Facebook（脸书）上冲浪、玩游戏、聊天、发信息、购物等等。

那么，你的大部分任务和活动，无论是生活中的还是工作上的，处于哪个象限呢？我猜要么是象限一，要么是象限三。大部分人忽略了象限二，尽管这对于你的效率来说是最重要的一部分。你应该将花在象限二上的时间最大化，因为你在象限二上花的时间越多，你在象限一和象限三上花的时间就会越少，这会极大地提高你的效率。你把你的活动和任务计划得越好，长远来看，象限一的事情就会越少。

时间管理矩阵可以帮助你检查某个特定的任务或

活动是否能让你更接近你的目标。一旦你这样做，你就会确切地知道哪些任务和活动应该优先处理，而对于那些花费时间，却对结果贡献甚少或几乎没有贡献的任务和活动则可以稍后处理。

帕累托法则（二八定律）

帕累托法则是基于20世纪初的发现：20%的意大利人拥有80%的土地。这个理论似乎有些过时了，尤其是对于一个1%的人口拥有99%的财富的世界来说。但还是让我们来试一下吧（永远不要低估一个好的自我实现预言的力量：数以百万计的人相信这一原则的有效性，直到今天它依然有效）。

帕累托对这一比例进行了研究，并在他的花园里发现20%的番茄植株产出了80%的番茄；“我必须承认，我80%的时间都是在我房子20%的空间里度过的——通常是在客厅和餐厅。”

如果应用于商业，这将意味着（你也可以在自己的工作和个人生活中证实这一点）：

- 80% 的结果来自你 20% 的行动。
- 80% 的利润来自你 20% 的客户。
- 80% 的投诉来自你 20% 的客户。
- 80% 的销售额来自你 20% 的产品。

……

那么，你的哪些客户为你带来了 80% 的销售额？把你的大部分时间用在他们身上不是更有成效吗？20% 的客户占了 80% 的投诉怎么办？摆脱他们，不用处理他们的投诉肯定会为你节省很多时间——只要他们不是那些带来 80% 利润的客户。

同样的道理也适用于那些给你带来 80% 压力的那 20% 的客户。如果他们没有带来 80% 的金钱，那就"解雇"他们！

如果你能把精力集中在那些用最少的时间赚到最多钱的项目上，你的生意以及你可用的时间就能够成倍增长。

所以，请坐下来，用帕累托法则确定哪些项目阻碍了你的发展，哪些项目是你应该推动的。将二八定律应用到你的事业和个人生活的每个领域。

问问自己以下问题：

- 你应该在哪里投入更多的时间？
- 你应该在哪里减少时间投入？
- 你在哪些方面投入时间相对较少，效果却很好？
- 你在哪些方面花了很多时间却收效甚微？

━训练专注力，一次只做一件事

提高效率的一个最重要的习惯就是专注力。一次专注于一件事会比你一心多用时完成的工作更多。我不知道是谁提出了多任务处理对效率有好处的理论，但这是一个大谎言。帮你自己一个忙，马上停止多任务处理！多任务处理并不能帮你赢得时间；从一项任务转移到另一项任务实际上是在浪费时间。

你最好一次只做一件事！

最新的研究表明，多任务处理实际上效率更低，没有什么比集中精力一次做一件事更有效的了。一些研究甚至暗示，多任务处理实际上会让你的工作效率变得更低，而且要小心这会让你变得更笨。

不管怎样，即使你认为你是在进行多任务处理，实际上你也只是一次做一件事，不是吗？你可能手头上有5项任务，但我肯定你不会同时做5件事。你正在写一封电子邮件，然后停下来，接个电话。挂断电话后继续写邮件。同事过来问你一个问题，你又停下来回答问题，等等。所以不要再想什么多任务处理了。集中精力一次只做一件事，并且全神贯注地去做！

批处理

批处理是提高你的注意力和效率的好方法。这意味着你会在一两个小时内只专注于一项任务。在这期间不允许出现任何干扰或令你分心的事——不查看电子邮件，没有通知噪音，不上网，等等。

你有没有注意到，当你做同样的事情1个小时，你做这件事情的速度会变得更快？把事情进行批处理——比如1个小时只写电子邮件，1个小时只接电话，等等，这些都是非常有成效的，而且会帮助你更快地完成任务。因为这样你会进入任务的流程，而且不用像你在任务之间切换时或者被打断时那样，浪费时间重新集中注意力。分析你的任务，看看哪些任务是可以组合在一起的。我通常会将下列工作合并：

计划、回复邮件、阅读、写作、电话、会议、家务、购物，等等。

▬先花 5 分钟，多赚 1 小时

你每花 5 分钟整理就能赚 1 个小时。你太忙了，没时间整理，是不是？你桌上到处都是便利贴和堆积如山的文件，哪怕有那么一点点时间，你都会整理的，对不对？

很抱歉我必须要告诉你，并不是因为你太忙而没有时间整理，而是因为你没有条理，所以才这么忙。

不幸的是，“忙”并不意味着你取得了成果。而办公室里桌子最乱的人，往往并不是工作最努力的人。

研究表明，如今的管理人员会花 30%~50% 的时间在一堆纸中翻来翻去寻找他们需要的文件。很可怕，不是吗？

所以，不堪重负的朋友们，继续阅读并尝试一些小技巧吧，因为它们可以改变你的生活。我曾经也是那样一种状态，但我用下面的这些小技巧扭转了局面：

• 在你工作的前 15 分钟，先考虑该做什么。

• 每周花 1 小时整理和归档文件。如果有什么事情是你可以在 5 分钟内完成的，那就立刻去做。如果需要更长的时间，就把它放在你的待办事项或任务列表中。

• 每天花 15 分钟扔掉没用的文件，并清理你的办公桌。把你不需要的东西都扔掉。

• 把每天工作的最后15分钟用来检查明天的任务。看看哪些任务是重要的，哪些任务是紧急的。

• 整理你的电子邮件收件箱，删除你不再需要的旧邮件。如果不确定是否还需要，就把邮件打印出来并归档，以慰心安。

• 正如一位IT技术人员曾经告诉我的那样，删除旧邮件不仅会让你感觉轻松，还会为你的公司或你自己节省一笔钱，因为堆积在收件箱里的成百上千封邮件需要花费更多的精力去处理——这就意味着更高的电费。

• 在你无法掌控自己的时间之前，不要接受任何新任务。

• 第一次就把工作做好，这样它就不会再困扰你，不用以后花更多的时间去处理。

整理和归档文件

收集你所有的文件，并将其处理如下：

• 如果你做这件事用不了5分钟，现在就做！

• 如果你需要更多的时间，就把它列入任务清单。

• 完成后，将其存档。

• 如果文件是给别人的，重新发送。

• 如果是以后要用的，将其存档或者扔掉。（你保存了多少文件供以后使用？这些文件中又有多少是你真正需要的？）

• 不属于以上任何一点？扔掉它。

整理电子邮件收件箱

• 如果你需要不到5分钟的时间来回复邮件，现在就回复。

• 如果可以委派他人去做，现在就委派。

• 如果你需要更多的时间来处理，就把它列入任务清单。

• 创建文件夹并立即将已完成的任务移到其中。

• 将你的电子邮件收件箱作为待办事项清单：将已解决的任务存档，未解决的任务留在收件箱中。

• 如果你不需要它作为将来的参考，请将其删除。

• 取消订阅所有你不需要的时事通讯——除了我的。开个玩笑。为了你的效率，你甚至可以取消订阅我的，尽管你会很难做到这一点。

遵循这些步骤，直到你的电子邮件收件箱为空。

如果你有很多邮件，那就先从上个月的邮件开始整理，并将其他邮件都归档到一个名为“旧邮件”的文件夹中。

你的工作区域

• 把需要的东西放在手边。

- 将文件夹按顺序放在旁边。
- 保持工作台面整洁干净。
- 把需要使用的物品放在近处，摆放好。
- 把不经常用的东西放在抽屉里。
- 将工作分类（输入、输出、待处理）。
- 把你的想法写下来，让大脑也井然有序。
- 每周花点时间整理你的工作场所。

记住：如果你每天浪费 5 分钟找东西，一年就会浪费 30 个小时。拥有或没有这段时间会有很大的不同。

清理杂物

不用的东西就是杂物，而杂物需要清理！这都关乎能量。对工作有效的建议同样适用于家庭。

如果你家里有太多不用的东西，就会消耗你的精力。如果你的精力不够，你的效率就会下降。可以从整理衣柜开始。

以下是一些建议：

• 如果一件衣服你已经一年没穿了，你可能就不会再穿了。

• 当你觉得“哪天会有用”或“这让我想起美好时光”的时候，就把它扔掉吧。

• 日本整理专家近藤麻理惠则更进一步强调：“如果不能令你怦然心动，就扔掉它。”我强烈推荐她的书——《怦然心动的人生整理魔法》。它改变了我的生活。

清理杂物时，我通常会将一些物品免费赠送。这让我感觉更好，不知为何，我认为生活会为此奖励我。

一旦你整理完衣柜，再把整个卧室收拾干净。然后继续收拾客厅，清理车库，最后打扫你的整个家庭和办公室。扔掉所有你不再用的东西：衣服、日记、书籍、CD，甚至家具等等。我的一个客户用一个周末的时间就把他的公寓整理好了。他感觉好多了，轻松了许多，而且感到精力充沛，这帮助他实现了很多短期目标，从此一往无前。你什么时候开始整理？

还记得吗？如果你不用到处找东西，你就赢得了 30 个小时。而家里整齐的话，每年你就又可以节省 30 个小时。这样我们就已经找到 60 个小时了！继续……

老天！这只是本书的开始，我们就已经每年赢得了大约 100 个小时。请继续读下去。

提示

关于这本书中的所有内容，不要以“那对我不起作用”为借口而不去做！至少尝试坚持两周，两周后如果对你仍然不起作用，请写邮件向我投诉！

▬干扰横行，时间当然不够用

你对你的工作有多专注？或者换一种说法：你专注于工作而没有分心或不被打扰的时间最长是多久？

对大多数人来说，时间并不是很长。我猜你每4~5分钟就会分心一次。你有一封新邮件的提示音、有人评论了你的Facebook帖子时手机震动的声音、你妈妈的电话、Whatsapp[①]消息等等，没完没了。

① 一款用于智能手机之间通讯的即时通讯软件。

有两种类型的干扰会让你每天都无法工作：内部干扰和外部干扰。禁止所有的干扰和让你分心的事情是非常重要的，因为你失去的不仅仅是被干扰或分心的那段时间，同时失去的还有你的注意力。研究表明，你需要 7~15 分钟才能重新集中注意力。有些人甚至说，重新集中注意力需要 25 分钟。

你每天有多少次分心或者被打扰？10 次？在最好的情况下，你会损失 70 分钟；而在最坏的情况下，你会损失 4 个小时……

这就解释了为什么有纪律性和高效率的人一天做的事情比其他人一周能做的事情还要多。如果你想控制分心，你就需要培养自己的自律能力，培养不让任何人和事分散你的注意力的能力。相信我，这样做值得。

处理外部干扰是另一回事，这很大程度上取决于你毫无畏惧地说“不”的能力和意愿。

小教程：说“不”的艺术

提前决定你要怎么拒绝对方的请求并加以练习。当你告诉别人你不能立刻帮助他们时，态度要友好，但是要坚定。而为什么拒绝这个人的请求，要不要解释，由你自己决定。

我个人的意见是你不需要解释什么。搞笑的是，我总是在解释，直到有一天我觉得没必要再解释了。你可以提供其他的选择，比如回答“对不起，我现在帮不了你。星期五下午我可以帮助你1小时”。试着达成一致，并在可能的情况下找到可以接受的折中方案。

如果你对所有的事情都说“好”，那你将成为办公室里最忙的人。当同事们都回家的时候，你却要加班。周五晚上或周末，你也会接到电话。

他们怎么敢在周五晚上或周末给你打电话！对不

起，不是“他们”打给你。是你接了电话，从而间接地向他们发出信号：“你想什么时候给我打电话都可以。”

你必须设定界限。

如何应对外部干扰

1. 被同事或老板打断。不要认为每一份请愿都是紧急的。花点时间想想什么时候是行动的好时机。如果是有效的干扰，请将其安排在你的任务列表中，但不要让别人的优先事项变成你的优先事项。如果是来自老板的请求，告诉他 / 她，把这件事放在首位将会对你的其他项目和任务有怎样的影响，并在必要时重新谈判。

连续记录两周的“干扰日志”，写下是谁打断了你。

2. 电话中断。我知道，你必须接听每一个电话，否则你就会失去客户、赞助商等等。如果我每次听到这句话都能得到1美元……然而在付诸行动后，我却从未收到过任何关于失去客户的投诉。事实上，我的一个客户甚至提高了他的销售额，赢得了更多的客户。后面你会读到更多关于他的故事。

每天至少有1个小时，不是每个电话都接，也不要让电话到语音信箱。这样做是没问题的，不会对你造成任何影响。

他们会给你留言或回电话，你会赢得更多时间，因为没有打扰的那1个小时将是你每天最有效率的1个小时。

你也可以把电话转到一位同事那里，这位同事会友好地告诉打电话的人你正在开会，并帮忙留下口信。安排一个特定的时间处理外线电话，并将其进行批处理以获得额外的时间。

避免干扰

“成功者和失败者的主要区别在于他们不分心的能力。”

我认识的很多人都和我说他们太忙了，经常加班，不知道如何赢得时间，也不知道在哪里可以赢得时间。

一旦仔细观察他们的日常生活，就会发现他们每20分钟就会查看一次邮件，收到哪些人看了他们的Facebook或Twitter（推特）的通知。除此之外，他们还在网上冲浪，看YouTube视频，在Facebook上看猫咪照片。

解决办法

- 关闭网络浏览器。
- 将电话转接或者把听筒拿下来放在一边。
- 关掉手机，或者至少关掉铃声和通知的声音（我通常把手机调成飞行模式，这样工作效率更高，不会被打扰或分心）。

• 关闭电子邮件。不要经常查看电子邮件（一天 3 次，每次半小时足够了）。

• 退出社交网络。

• 设置固定的时间登录 Facebook、Twitter 等，并坚持遵守。

• 关上办公室的门。

做这些事情意味着有一两个小时你不会被短信或电话干扰。试一试！

一旦你开始这样做，你就会爱上它。你会发现你比以往任何时候完成的事情都要多。

每天只要一两个小时，就可以为你的效率提升创造奇迹。

如果你在家工作，好好想想是谁让你分心。那些想和你一起喝咖啡或者带你去购物中心的人，可能不会在月底为你支付账单，而那时，你会希望能收回那些因分心而失去的时间，去做该做的事情。

另一个建议……不要打开电视。你知道的，一旦打开电视，你就没了效率。

不过，你可以把电视当作一种动力："如果我完成了今天的计划，我会看最喜欢的电视剧来奖励自己。"

奖励自己

当你完成任务时，奖励自己!

这实际上可以提高你的专注力和效率。设立奖励可以激励你快速完成任务。

举个例子：如果我从早上 7~10 点写书，我通常会让自己休息两小时，查看我的私人 Facebook 账户，看一集我最喜欢的电视剧。

但是只有在上午10点前完成任务，我才能得到这个奖励。

我通常会用以下方式奖励自己：会会友，小睡一会儿，看个电影或电视剧，享受泡泡浴，在海滩上散步，去海滩酒吧喝杯咖啡，读一本好书，玩1小时xBox（一款家用电视游戏机）——这需要自律（1个小时即可，不能再多），一次引导冥想。

干扰无处不在，你无法摆脱它们，你所能做的就是真正地善于识别它们。一旦你意识到干扰，就可以采取行动重新集中注意力。

这里列出了一些典型的让你无法高效工作的干扰因素。看看你犯了哪一条？

- 看电视。
- 打游戏（或手机游戏）。
- 让别人打断你。
- 每次收到电子邮件都要查看。

- 时刻留意手机（电话、短信、应用程序）。
- 看着窗外。
- 社交网络。
- 浏览网站。
- 看照片。
- “研究”。
- 吃喝。
- 担忧。
- 回想过去或做白日梦。

▬如何戒掉拖延症

如果你一整天都在工作，但是在一天结束的时候却没有完成任务，或者没有看到工作的成果，那么你很有可能拖延了重要的事情。

不用担心，每个人都会时不时地拖延。即使是最优秀的人，也会出现这种情况。

拖延是时间的大敌，我们的目标是尽量减少拖延，这样我们就能够完成更多的事情。

现在请认真阅读——你可能在不知不觉中就拖延了。一旦你意识到自己在拖延，以及你用来拖延的方式，你就可以控制自己并采取相应的措施，比如把你不喜欢做的任务外包出去，或者不要屈服于你“内在的破坏者”的廉价借口。

如何发现自己在拖延

- 你在回避应该做的事情。
- 把事情推到一边，希望它们能奇迹般地变好，而实际上却什么都不做（通常情况下，事情不会自行好转……而且很多时候情况会变得更糟）。
- 你正在做一些现在不需要做的事情，而不是做你应该做的事情——不管你正在做的那些事情是否重要！

是的，你没读错。即便我们在做的事情比我们应该做的事情更重要，也是拖延。

拖延症有很多种形式

- 分心。
- 推迟任务。
- 等待任务圆满完成。
- 把所有事情留到最后一分钟才去做。

你是一个拖延者、完美主义者，还是一个容易分心的人？

拖延症最常见的原因是某种恐惧：害怕失败，害怕被评判，甚至害怕成功，等等。

即使我们因为懒惰或缺乏动力而拖延，也可能是由一种潜在的恐惧造成的。

有时候，我们拖延的原因就是感觉不知所措。

借口是拖延的外衣

无论何时，当你使用以下借口时，就要注意了，你可能在拖延。

- “我太累了。”
- “我现在没有时间。”
- “我需要休息。”
- “我现在不想这么做，以后会想做的。”
- “今天太晚了，明天一早就去做。”

每当我发现自己像这样说话的时候，我都会非常仔细地观察自己那一刻在做什么。我在做什么事情？为什么我的大脑想要分散我的注意力？

告诉自己：“如果我的大脑想诱使我拖延这项任务，那这个任务一定很重要，所以我要待在这里完成它。”而不是屈服于诱惑，在YouTube上看毫无意义的视频，或者在Facebook上看猫咪照片，或者打扫房间（不是那么无意义，但却是一个拖延的好方法）。

所以当我在做一件事的时候，突然有一种想要洗碗打扫房间的冲动，我就清楚地意识到自己是在有意拖延，并赶快完成手头的任务。

不幸的是，20年前的我并没有那么聪明。以前每次我复习考试的时候，我都强烈地想要打扫我的公寓。有趣的是，这种冲动总是在考试期间出现——而不是在一年中的其他时间。所以一年有两次，我的公寓超级整洁，而我的考试不及格……

容易分心的人会沉迷于游戏、电视、互联网或逛商场。

如果你发现自己在玩Candy Crush[①]，那么你要看看你应该做的任务是什么，分析你为什么不去做。下面是一些拖延症的借口，以及应对的方法：

① 一款消除游戏。

1."我没有足够的时间。"这就是你当初买这本书的原因，对不对？我希望你已经找到了更多的时间。你开始列清单了吗？当你有了任务清单，就开始执行。行动永远是治疗拖延症最好的解药。

2."我有很多事情要做。"谁又不是呢？我们总是有很多事情要做，而且可能永远也停不下来，但哪些事情是最重要的？哪些任务会带给你最好的结果？

3."我不知道从哪儿开始。"当你面临太多的选择时，可能就会犹豫不决，不知从何开始。最好的办法是从最重要的决定开始。

4."还不完美。"这是危险的借口之一！它可以永远用来拖延。

我们认为完美主义者不是拖拖拉拉的人，因为他们看起来积极主动又有效率。但真的是这样吗？如果你没有完成你的书、网页或者你的项目，是因为它还不"完美"，那么亲爱的，你可能会遭受"分析麻痹"

的痛苦，成为一个拖延症患者。对我来说，我得到的最好的建议是："完成比完美更重要。"

仔细观察，付出更多的努力会有多大不同？你对完美主义的追求是否会偷走你完成其他任务所需要的时间？

对于我们当中的完美主义者来说，一个很好的办法就是计算你的时间值多少钱，然后决定你所做的是否有益。如果你要工作 10 个小时而不是两小时来完成一项任务，你就是在赔钱。特别是当额外的 8 个小时对结果的影响很小时。

选择现在就完成这个项目，然后一路改进。比如，软件公司就是这样做的，不是吗？

5. "现在还不是时候""我在等待合适的时机"。天啊！天啊！如果我每次听到这句话都能得到 1 美元……

如果你在等待合适的时机来开始你的新业务，发布你的新产品，做现场活动，那么你可能会永远等下去，因为合适的时机永远不会到来。

你等待的来自宇宙的信号也不存在。也许宇宙一直在向你发送信号，而你就是看不见。没有所谓的“正确的时间”去做某事，或者更确切地说，正确的时间永远是现在。

我不知道是谁先说的，但是“等待合适的时间开始做某件事，就像在你的车道上等待所有的交通灯都变绿时再开车”。拖延通常会导致内疚、焦虑、自我厌恶，甚至抑郁，它会损害拖延者的自尊心和内心的平静。这个代价太高了。

最糟糕的是你输了两次。你没有做你需要做的事，且因此而感到良心不安或者内疚，使得你也没能享受你正在做的事。

做一个实干家！做需要做的事，然后开开心心地享受回报。

解决办法：

• 对自己绝对诚实。如果你想拖延，问问自己："我拖延这项任务要付出什么代价？"

• 直接行动（行动是拖延症最好的解药）。

• 把注意力放在完成你想要拖延的任务后会获得的结果上。

• 关注回报。

• 与他人合作（教练、责任伙伴）。

• 给自己设定截止日期。

• 分析、划分和征服任务。

• 早上先做最不愿意做的事情。

• 专注于能带来金钱的任务。

第 二 章

——进阶：高效能人士的 13 个习惯

■现在就去做，争分夺秒

完成那封未写好的电子邮件，与那个讨厌的同事或客户交谈，以及与老板谈谈加薪问题……现在立刻去做！这个习惯会帮助你真正把事情做好。我相信你知道完成一项任务的最佳时间总是现在。

帮自己个忙，别再拖拖拉拉了，拖拉只会引起焦虑。大多数时候，你会发现那些拖了好几天，导致你焦虑不安的事情，其实只要1个小时左右就能完成，之后你就会觉得轻松很多，因为你可以不用再去想它。

无论你现在在想什么，不要等到明天或下周才开始。现在就开始！我向你保证——1年后你会为你今天的开始而高兴！

同样的道理也适用于每一项耗时不到5分钟的任务，比如回复简短的电子邮件（如果可以的话，进行批处理），给你妈妈回电话，给电话公司打电话，预约牙医，等等。

现在就做！

早上先完成那些令你不舒服的任务。我知道这很困难，但它会提高你这一天的质量。因为——正如我之前所提到的——如果你推迟它，你就会一整天都想着它，这会使你感觉焦虑不安、压力重重。现在就做，然后就不用再去想它了。

下午或其他低能量的阶段适合做一些简单的事情，比如整理每日邮件、清理办公桌、轻松阅读、填写 excel 表格、跟踪、归档等。

■设定最终期限，跑赢时间

培养紧迫感，与时间赛跑是一个提高效率的好习惯。你可以给自己设定截止日期。假如你能足够自律来认真对待自己设定的截止日期，那就太棒了！如果不包括你不想让别人失望这个原因的话。

举个例子，指导是如此有效和成功，那是因为大多数客户都不想让他们的导师失望。他们完成了自己的事情，因此，他们每周都在朝着自己的目标前进。

惩罚还是奖励

有些人说应该惩罚自己没能按时完成任务，比如不看自己最喜欢的电视剧或者不出去。如果你读过我的其他书，你就会知道我并不喜欢任何形式的自我惩罚。

为什么不奖励自己在截止日期前完成了任务呢？奖励自己看自己最喜欢的电视剧，或者去看电影。视角略有变化，但却有了全新的前景。两种完全不同的方法可以得到相同的结果……选择权在你！

假期前的最后一天

还记得假期前的最后一天，你突然把一切事情都搞定了吗？为什么呢？因为这是你必须要做的。几个星期都没有完成的任务突然间就完成了。你必须马上做出艰难的决定，而且你负担不起拖延的代价。

所以，为什么不假装每一天都是假期前的最后一天呢？

帕金森定律

帕金森定律指出："工作将被扩展，以便填满可供完成工作的时间。"这就意味着给你多长时间来完成一个项目，你就会用多长时间来完成它。

这就是为什么你通常会在第 13 天的晚上完成一个为期两周的项目，如果你有 3 个星期的时间做同样的项目，那么你会在第 20 天的晚上完成。

另一个原因是，最后期限迫使你更加专注于手头的任务。你能够把精力集中在最重要的事情上并剔除任何多余的活动，然后把事情做好。

当你的一项任务已经确定了截止日期的时候，你就会保持简短的电子邮件和电话，然后突然间就赢得了很多时间。我一次又一次地看到：人们告诉我他们没有时间，但紧接着他们就会花好几个小时打电话。

曾经和我一起工作的一位同事经常加班，但从未按时完成她的工作。仔细看看她的工作流程——她是一名物流经理——我注意到，当她预订了一辆运输车时，她会打电话给每一个货运代理，这期间会聊起她的生活，一聊就是20分钟，而实际上，只要一封电子邮件就可以完成这项工作。她每天大约和5个货运代理谈……你自己算吧。

不要误解我的意思，和你的供应商建立良好的关系是很重要的，但如果你抱怨没有时间……不要一打电话就是20分钟。把电话时间缩短到10分钟甚至更短——5分钟！

电话

当你接到电话的时候，要快一点说到点子上——

拿起电话的时候最好已经有了退出策略……要有礼貌，但要表明你没有时间可以浪费。

例如，一开始就和对方说“你好！很高兴接到你的电话。我正在准备一个重要的聚会。我有5分钟时间。我能为你做点什么？”或者类似的话。这很有效。当你这样说时，人们会更快地进入主题。

电子邮件模板也许是另一种节省时间的方式，这里节省几分钟，那里节省几分钟，而这几分钟会逐渐累积起来。

挑战

给自己设定一些小挑战，比如“我会在1小时内完成这件事”，看看你做得怎么样。

“忙碌”的诅咒

很多人都以“我很忙”作为没完成事情的借口：

“我得完成我的网页。这将是个很棒的网页，但是我太忙了，没有时间去做。”

“我心里构思了一本很棒的书，但我很忙，没有时间写……”

“我有一个很伟大的商业想法，但是我太忙了，没有时间去寻找其他的选择；在我有时间发送简历之前，我会再做一段时间那枯燥无味的工作。”

不要再以时间为借口，开始更好地利用你的时间吧！学会把重要的事情做完，不要把时间浪费在无用的事情上（或者说“忙”），直到你有了时间储备。

正如我之前说过的，忙碌并不意味着你是一个有成效的人。

番茄工作法

这是弗朗西斯科·西里洛创立的一种时间管理方

法，我不知道还有什么比这个更让我印象深刻。这个方法简单而高效，将番茄时间设置为25分钟，工作25分钟，然后休息5分钟。

这基本上是对前面提到的事情的另一种处理方法。工作25分钟，专注工作，中途不受任何干扰，然后休息5分钟。4个番茄时间（两小时）之后，休息15~30分钟。

番茄工作法可以帮助你集中注意力，减少外部干扰和内部干扰的影响。

当整个部门开始应用这个方法时，乐趣就开始了。我听说这样一个部门的效率简直是爆发式增长。如果你有使用番茄工作法的经验，请告诉我，我总是对现实生活中的例子更感兴趣。

早起半小时，解决所有难题

这是我每天最喜欢的时刻，我的晨间仪式对我的幸福、财富和效率有很大的贡献。仅这一仪式就可能会解决你所有的时间管理问题。一天中重要的时刻之一是醒来后的30分钟。这时你的潜意识很容易接受，所以你在这段时间所做的事情非常重要。

你开始新的一天的方式将会对你这一整天的工作

生活产生巨大的影响。我敢肯定，你一定有过这样的日子：一开始走错了路，从那以后情况就变得越来越糟——或者相反，你一觉醒来，觉得一切都会如你所愿，然后就真的如你所愿了。

因此，让新的一天有个良好的开端非常重要。我们大多数人往往在醒来后的第一分钟就陷入了匆忙，然后就这样开启了一天的生活。难怪现在很多人压力那么大。每天早上早起半小时或一小时对你有什么好处？

如果你每天起床后给自己半个小时的时间，而不是急匆匆、狼吞虎咽地吃完早餐，甚至是在上班的路上吃早餐，会怎么样？也许你甚至可以用 10 分钟或 15 分钟的冥想来创造一个早晨的小仪式。如果你养成了这样的习惯，你知道这会对你的生活产生什么样的影响吗？这里列举一些晨间活动，试试吧！

- 积极思考：今天将是美好的一天！

• 感恩 5 分钟。

• 15 分钟的安静时间。

• 设想一下，即将开始的一天将非常顺利。

• 回顾一下你今天的日程安排。重要的是什么？需要做什么？

• 看日出。

• 跑步或散步。

• 写日记。

一天的最后半小时也同样重要！你在睡觉前半小时做的事情会留在你的潜意识里。现在是时候做以下事情了：

• 再写一次日记。

• 反思你的一天。哪些事情做得很好？哪些事情可以做得更好？

• 今天做好明天的计划。明天你想完成的最重要的事情是什么？

- 为第二天列一份待办事项清单。

- 想象你理想的一天。

- 阅读一些鼓舞人心的博客、文章或一本书的章节。

- 听能激励你的音乐。

我强烈建议你在睡前不要看那些有煽动性的新闻或电影。因为当你睡着的时候，你很容易接受别人的建议。

这就是为什么听或看一些积极的内容更有益。提前计划好你的一天并制订要做的事情清单，这会给你带来巨大的好处，且可以为你节省时间。你要做的事情已经在你的潜意识里了，而且如果你已经知道了工作重点是什么，第二天你就会非常专注地投入工作。

■勇敢说“不”，时间才能够用

说“不”，这是能极大地提高你的效率（和你的生活）的习惯之一。

你知道吗？最成功的人几乎对所有的事情都说“不”。

以下是我的经历：

当我不再想取悦别人，开始做我自己时，很多时候都会出现“不”这个字。当你内心是拒绝的，从而说了“不”的时候，你实际上是在对自己说“是”！

在学会说“不”之前，我经常接受我不想接受的邀请，或者参加我不喜欢的活动。结果是：我的人在那里，心却在另一个地方。说实话，我并不是最好的伙伴。更不用说我本可以利用这段时间去做更重要的事情。

如果你对每件事都说“是”，那么你永远都不会有足够的时间，因为决定你的时间表的是别人，而不是你自己。

当我决定“是”就是“是”，“不”就是“不”时，我感觉好多了。我接受的邀请少了很多（这已经弥补了很多时间），虽然一开始说“不”是很困难的，但结果就是，当我接受活动邀请或外出时，我的整个人和心都在那里。

这对我的工作生活影响更大。你猜，当我答应别人的每一个要求时发生了什么？我在工作中完全被压垮了。因为别人总是要我帮忙，我承担了很多额外的任务——通常是没人愿意做的工作。

我花了好长一段时间才坚定我的立场，但最后我还是说了声“够了”！从那以后，对于所有的求助，我通常会回答：“不！”“很抱歉。”“做不了。”“现在很忙！”

通过经常说“不”，你会极大地改善你的工作和个人生活，实际上你也会腾出很多时间。

但是要确保你说“不”的时候没有负罪感。你可以向对方解释说，这并不是针对他个人，而是为了你自己的幸福。你仍然可以为你的同事提供帮助，但前提是你有足够的时间并决定要这样做。如果你这样做，你会发现突然间你就掌握了主动权。

现在你可能会说：“但是马克，你这里建议的可不是团队该有的样子。”你说得对。但是也不能半途而废，因为你知道的，你的同事会为你节省一天的时间……我知道你认识那个人……每个办公室都会有这样的人。

简短点说

当然，你仍然可以帮助你的同事，也应该这样做——前提是你有足够的时间。

如果我愿意，我会向有问题的同事提及我只是帮忙，但我绝不想把这变成我的工作。

自私？是，但是请记住你生命中最重要的人是谁。没错，你才是自己生命中最重要的那个人！你必须好好的，只有你自己好了，你才能很好地对待别人，从这个层面来说，你可以为别人做出贡献，但首先要做好自己。在你做出一个明确的决定之前，你总是可以争取一些时间先说“也许”。如果你开始说“不”，生活会轻松很多。

■提前10分钟，时间绰绰有余

是的，这是一个有关时间管理和提高效率的方法，可能更像是一种减压技巧。不管怎样，它对我的帮助太大了，所以我想和大家分享。

提前赴约会减轻你的压力，因为这样你就不会总是感觉很匆忙。这样做，也许还能给你一些时间回个简短的电子邮件或电话。

我注意到，尤其当我提前10分钟上班的时候，我能够有时间坐下来，放松一下，看看我的任务清单，然后全速进入工作状态。而如果刚好准时到达甚至有时迟到时，从开始工作的第一分钟开始，我便感到压力重重。如果你还没有开始这样做，试试看，然后告诉我效果如何。

提前10分钟到达也是参加商务会议、午宴或晚宴的好习惯。

有一句法国谚语总是出现在我的脑海里：“当我们让他人等待的时候，他便会想起我们的缺点。”

守时是遵守纪律和尊重他人的标志。如果不守时，即使你是世界上最好的人，你也可能会给人留下有点无礼的印象。当然这也存在文化上的差异。例如，在墨西哥和西班牙，人们对守时持宽松的态度；而在德国，如果不守时，人们会认为你非常不专业，这很可能会毁掉你的机会。

我已经把每次约会早到10分钟当成了一种习惯——不是为了显得特别有礼貌，而是为了我自己。

早到10分钟会让你感觉好很多，也会为你带来内心的平静。当你到达一个地方的时候，你不会感觉到匆忙，实际上你有10分钟的时间来整理思绪，为面试或会议做准备。相比在最后一刻匆忙赶到，你会感到很放松。

早到10分钟可以显示出你的专业和礼貌。试一试，看看它是否会给你的生活增添色彩！

▬谨慎许诺，打出时间差

这一点也很重要。这是一个伟大的时间管理方法，它以一种卓越的方式改变了我的职业生涯，使我的工作压力几乎为零！

我工作中的大部分压力都来自工作的最后期限。我，或者我们的企业，一直在苦苦挣扎，这使得我们的产品被运送到客户手中的那些日子里，我们会非常紧张、压力很大。如果是在旺季，则每一天都如此。

一般情况下，我们都能及时送达，但是有时候可能会晚几个小时，这时我就必须得安抚那些愤怒甚至歇斯底里的客户……直到我开始谨慎许诺。

我发现，我们超过 90% 的延迟交货其实只是几个小时的问题，所以在得到了老板的许可后，我开始了自己的交付计划。

如果生产部给我的交货日期是 4 月 5 日，那我会告诉客户，交货日期是 4 月 10 日。这样的话，如果我们在 4 月 7 日交货，客户不但不会像之前那样，因为迟交两天便愤怒地威胁我们要扣款或起诉，反而会非常感谢我们提前 3 天交货。接下来的 3 年里，我们很快便将延迟交货率从近 50% 减少到几乎为零。

后来我发现，控制我们做事情的最后限期还有一个作用：可以降低至少 50% 患冠心病的风险。一项研究发现，对他人给出的最后期限感到失控的人患冠心病的风险要比普通人高出50%。

你可以把它应用到你的整个生活中。当你的老板给你一个需要3天时间完成的项目时，你可以告诉他你需要5天的时间。如果你4天就完成了，那么你就出色完成了任务；如果你花的时间长一点，你仍然是准时的。对我来说，这非常有用。在我作为一名员工的日子里，我从来没有在办公室度过一个周末。

当然，你必须将此方法进行个性化设置，使其适应你的工作场所和环境。我不希望你因为对老板撒谎而被解雇……

如果你正在为工作的最后期限而挣扎，试一下这个方法，并将它变为一种习惯，这绝对是值得一试的。

我也把它应用到我的私人生活中：如果我知道到达聚会地点需要半个小时，我会告诉我的朋友们我将在1个小时内到达那里，然后提前半个小时出现。看到朋友们一张张开心的笑脸，同时我也表达了“你们对我很重要，我急着来见你们”的心情。

我不知道你的朋友和家人是怎么想的，但比起告诉别人“我半小时后就到”，却在1小时后出现，我的朋友和家人更喜欢这种方式。

关掉手机，赢得更多时间

你觉得每次电话提示音一响，你就得查看手机吗？嗯……不必！

你的手机应该是为了自己方便，而不是那些打电话给你的人。给自己自由，继续做你正在做的事，让电话时不时地转到语音信箱。

我知道……你可能会失去一个客户。我的每一个客户都这么想。

但是你猜怎么着：你也许不会失去客户。

在你的语音信箱里留一条好听的留言，就像常听到的那样："对不起，我现在正忙，不能接听您的电话。我会尽快给您回电。"

如果事情重要，他们会再打电话来，或者他们会给你留言。或者你会在显示屏上看到他们的号码，然后打给他们。唯一糟糕的是，你没有在做完你正在做的事情后马上给他们回电话，甚至忘记了这回事。

我的一个客户，是一个压力很大的销售经理，我们就叫他史蒂夫吧。当他找到我时，他已处于极度疲惫的边缘。他每天会接到60~80个电话，根本没有时间去做他真正的工作——销售他的产品和拜访客户，因为他一直在电话里解决每个人的问题，不断灭火。

我为他列出了可以在这本书中找到的所有不同的时间管理方法，让他选择最适合的那一个。

他决定每天至少有1个小时让电话转到语音信箱，并更改了语音信箱的留言。“嗨！我现在不能接听你的电话。我会尽快给你回电话。如果有急事，请给我发Whatsapp消息。”就是这样。

一开始的两周并没有太大的变化。第三周时，他的电话突然减少了一半，到他回电话的时候，人们最初要求解决的问题有80%都已经解决了。

1个月后他就轻松了。他认为他可能会接到更少的电话，因为假期快到了。

3个月后，他不得不承认，他做到了！他掌控了自己的时间。不但如此，他还提高了周末和家人在一起的时间的质量，因为他没有总是想着工作，所以有时间考虑可以和家人一起做有趣的事情。

此外，他还打破了2015年的销售纪录，他预计：如果他决定继续做这份工作的话，他的销售额将会再增加20%……因为一家强大的竞争对手向史蒂夫抛出了橄榄枝，邀请他加入他们的销售团队。这一切发生在他迈出第一步（更改语音信箱留言）的 9 个月后，简直令人难以置信！

不要每次电话铃一响就拿起电话，告诉自己“他们会再打来的”，多年来我一直这样做，而且并没有因此失去很多客户，反而为自己赢得了很多时间。我还了解到，如果真的是非常重要的电话，来电者不会放弃，可能会在 3 分钟内打 8 次电话……

■陪伴家人，更高效的秘诀

迈克尔·J. 福克斯（Michael J. Fox）说："家庭不是一件重要的事情，是一切。"聪明点，学会听取过来人的意见，这是一个非常重要的习惯。各种研究证明，人际关系是预测我们生活是否成功和幸福的最大、最有力的因素。

然而，当我采访领导和高管时，他们多数情况下都是没有花很多时间与家人在一起，或者是当他们感到有压力时，首先就是减少和家人朋友在一起的时间，而他们应该做的恰恰与之相反。

珍惜你的家人和朋友。他们是给予你爱和相互支持的永恒源泉，这会增强你的自尊，提升你的自信。就像我刚才所说的，这会让你更幸福、更成功。

在布朗尼·韦尔（Bronnie Ware）的《临终前最遗憾的五件事》（*The Five regrets of the Dying*）一书中，临终者较大的遗憾之一就是没有花更多的时间和家人在一起，却花了太多的时间在办公室里。

不要成为他们中的一员，现在就开始为你的家人腾出时间。如果你有时间和家人在一起……请全身心投入。

信不信由你，这个习惯也会让你更有效率。效率不仅与你的工作有关，也与你如何度过你的空闲时间有关。但与本书中所有内容一样，你只有把它付诸实践才能发觉这一点。

▬美好假期，完美的充电时间

你没料到会有这一点，是吗？和小睡一样，休假不但不会破坏你的效率，反而能提高你的效率。

现如今，人们生活压力大、生活节奏快，放慢生活节奏，休息一下，比以往任何时候都重要！

休息一段时间，到大自然中给自己充充电。

首先在你的每周计划中安排一些休闲时间，现在希望你可以为这些安排腾出时间。

如果你敢的话，整个周末都不要上网、看电视或玩电子游戏。如果这让你感到害怕，那就从周六早上开始，然后是整个周六，再然后是整个周末。

我最美好的一个假期是在法国南部米迪海峡的游艇上度过的。没有手机，没有互联网，没有电视，只有鸭子。船的最高时速是每小时 8000 米，所以我们不得不“被迫”慢下来。

你在海上漂浮时，几个 6 岁的孩子骑着自行车在英吉利海峡边的自行车道上超过你，没有什么比这更令人放松的了。

你经过的村庄有时很小，甚至连超市都没有。所以，整个旅程归结为一个唯一而简单的问题：“我们到哪里去弄吃的？”

不用担心，附近总是会有一家餐馆，但最吸引人的事情是自己在船上做饭，在港口享用晚餐，看日落，或者只是与大自然为伴。有一次我们甚至在一个葡萄园中吃了晚餐，这种体验极其珍贵。

早上走进法国的一个小村庄，从城里唯一的面包店买个法式长棍面包当早餐……日出即起，日落后下两盘棋就睡觉。或者你也可以说“我们早睡早起”。

抽空到大自然中走走，不必是长途旅行。只要有机会，就到树林里、沙滩上或公园里走一走，看看之后感觉如何？或者只是躺在长椅上或草地上，望着蓝天。

你上一次赤脚在草地或沙滩上行走是什么时候？你有没有意识到，放松、恢复活力、休息一段时间，这对你来说有多重要？但愿你已经意识到了这一点，把它付诸实践。有了这个习惯，你的效率会翻倍！

■小睡一下，找到更多时间

梅森·库利（Mason Cooley）曾说："当你不知道该做什么时，是时候小睡一会儿了。"

没有什么比小睡一会儿更让人舒服的了，中午小睡一会儿可以让你恢复精神活力，提高你的效率。

我把午睡当作日常习惯。这样我就可以每晚睡6个小时而不必担心睡眠问题。因为我知道下午我会睡

45~90 分钟。

自从我改变了我的睡眠节奏，我就变得更加清晰，更加专注，而且更加清醒。

我以前工作最紧张的时候，我便会去打个盹儿，效果非常好。当愤怒的客户对我大喊大叫时，我的压力要小得多，心情也平静许多，在寻找解决方案时也更加专注和高效。

有一段时间，我在附近公园里的长椅上睡了大约半小时，后来我便把办公室的两把椅子摆放在一起，就在上面睡觉。

我觉得我的工作日突然变成了两个半场，中午是中场休息时间。我开始“下半场”的时候总是精力充沛，而且我也表现得更有成效，因为下午 2~5 点，午饭后特别疲劳的感觉不见了。

尽管听起来很荒谬，但如果你每天小睡 30~40 分钟，你会找到更多的时间。你得到更好的休息，从而更有效率。

路上的时间，不可忽视

如果时间是我们最想要的，那我们为什么要如此糟糕地利用时间呢？

你每天上班的路上要花多少时间在交通工具上？据统计，每个工作日要花费 60~90 分钟！这意味着一个月内通勤时间是 20~30 个小时。

是谁说的“我没有足够的时间”？我刚刚为你找

到了20~30个小时的阅读时间（当你在公共汽车或火车上时），或者在你的小汽车里听有声书。

如果你真的把这段时间用来听授权CD、mp3或阅读励志书籍，而不是用来听收音机里的负面新闻或阅读报纸上的负面新闻，你一年能学到多少？就像又上了一次大学！

你是否最大限度地利用了“失去的时间”

我在火车上做了很多事情，我的上一本书的内容有一半都是在火车上写的，事实上，我现在正在往来于巴塞罗那和我居住的普雷米亚德马尔的火车上写这一章的内容。

我还会在公共交通工具上听励志演讲，或做引导冥想，或打开社交媒体。

在超市排队的时候，我也可以浏览社交媒体或简短回复一些电子邮件——这些都是我在高效工作时不会做的事情。

当我在火车上浏览Facebook或网页的时候（取决于我在做什么），我甚至常常将其视为自己的工作时间。

其他可以做的事情有：一边洗碗一边听网络研讨会，一边看电视一边叠衣服，等等。

所以，现在的问题是：你将如何最大限度地利用“失去的时间”？

▬尝试写日记，反思被浪费的时间

这是对你的效率有重要影响的另一个习惯：在日记中写下并反思你的一天。也就是在一天结束的时候，花几分钟的时间来获得一些想法，重新体验快乐的时光，反思已经完成的工作，并把所有的事情写在你的日记里。

这样做，你将会在每天早晨和晚上获得更多的快乐、动机和自尊。写日记有一个积极的作用：在睡觉前，你会把注意力集中在积极的事情上，这对你的睡眠和你的潜意识都有好处。

写日记会把你的注意力转移到当天积极的事情上，并懂得感恩。它会使你的大脑扫描过去24小时中积极的事情，这将会让你更快乐、更乐观，从而不断产生惊喜，使你更有效率。来自积极心理学领域的无数研究已经证明了这一点。这些研究表明，快乐的人比那些中立或不快乐的同事的效率要高出20%左右。

对我的客户和我自己来说，这个小小的练习已经让我们的幸福感发生了巨大的变化。

每天晚上睡觉前试着回答以下5个问题，并将其写在你的日记里：

- 我感恩哪些事情？（写3~5点）
- 哪3件事让我今天很开心？

- 我今天做得特别好的 3 件事是什么？
- 我今天该如何做得更好？
- 我明天最重要的目标是什么？

当你开始练习时，如果词句不流畅，不用担心，像所有其他事情一样，通过练习你会做得更好。如果你卡住了，什么也想不起来，那就再等 5 分钟。想到什么就写什么，无须思考和评判。不要担心你的语言风格或错误，只管写下来！每天这样做，持续一个月，观察发生的变化。

顺便说一下，这 5 个问题也可以让你和你的配偶及孩子在晚餐时进行一次愉快的交谈。

■隔绝媒体操纵，获得更多有效时间

你想快速赢得时间，不是吗？这里有一条建议，可以让你赢得很多时间。

你每周有多少小时坐在“盒子”前？

美国人和欧洲人平均每天花4~5个小时看电视。

一周就是28~35个小时！

假设你把每天看电视的时间减少到1个小时，你就赢得了 20 个小时。是的，在 YouTube 上看的也算。

不看电视（即便不是第一，电视也是最大的能量掠夺者之一）除了可以赢得时间，还有另一个好处。

看完电视后，你是否感到精力充沛？如果不是，那就关掉你的电视！

为什么要让自己对着如此负面性的东西？不要让自己沉浸在电视上播得太多的垃圾之中。用健康的习惯代替看电视的习惯，比如散步，花更多的时间和家人在一起，或者读一本好书。

多年前，当我意识到在去上班的火车上听到或看到的早间新闻令我感到不安时，我就不再看新闻了。我对自己说："我不能因为政客 A 说了什么，或银行家 B 做了什么，或者因为 C 发生了战争 ，就让自己带着压力去上班。"就在我不看新闻一周后，我感觉好多了。不相信我？你自己试试吧！一周之内不要看新闻，看看你的感受如何。

你仍然可以了解“重要内容”，因为你的家人、朋友和同事会随时为你提供最新信息。面对大量垃圾信息，你应该有所选择。

不，你不会因为不看电视而变得无知，最近的一项研究甚至显示了相反的结果。那些不看电视的人实际上比那些受每日新闻节目影响的人更能判断现实。这才是新闻，不是吗？

如果你需要更多的理由停止看电视，那就去读一本关于媒体是如何操纵我们，以及几乎所有事情都是假的的书吧！

控制你接触到的信息，确保它能为你的生活增添色彩。与其看垃圾电视，不如去看一部纪录片或喜剧；与其在车里听新闻，不如听听有声书或励志光盘。

第 三 章

跃升：心态的重建

改变习惯，改变自己

在改变你的生活之前，首先你要清楚自己的位置以及自己的不足。你可能还记得这份调查问卷，它出自我的书——《出众，从改变习惯开始》。原因很简单，每一个自我提升的过程（包括你的效率）都要从更好地了解自己开始。无论你的目标和梦想是什么，请不要逃避，老老实实地回答这些问题，越早开始越好，比如现在。

这份调查问卷也是我所有指导过程的起点。因此，即使你以前做过，也请花点时间回答以下问题。

你的人生梦想是什么？

____

____

____

____

____

____

在你生命的最后，你觉得最后悔没有为自己做的事情会是什么？

____

____

____

如果不考虑时间和金钱，你想做什么？想成为什么样的人？或者想拥有什么？

你生活中的动力是什么？

是什么限制了你的生活？

在过去的 12 个月里，你最大的胜利是什么？

在过去的 12 个月里，你最大的挫折是什么？

你会如何取悦他人？

你会如何取悦自己？

有哪些事情是你假装不知道的？

迄今为止，你做过的最好的工作是什么？

你怎么知道这是你最好的工作？

与5年前的工作相比，你如何看待如今的工作？你现在的工作和之前的工作有什么关系？

你最喜欢工作的哪一部分？

你最不喜欢工作的哪一部分？

你通常会拖延什么活动或事情？

你真正引以为豪的是什么？

你如何描述自己？

你认为自身行为中的哪些方面需要改进？

此时此刻，你做出怎样的承诺才能拥有幸福的生活？

此时此刻，你会如何描述自己的幸福状态、能量状态以及自我照顾能力？

此时此刻，你会如何描述自己的生活是多么有趣或开心？

如果你可以一劳永逸地将一个恐惧事物抛在脑后，那会是什么？

你最希望自己生活中的哪个方面能有一个真正的突破？

▬坚定信念，时间无处不在

“不要害怕生活，相信生活值得我们为之活下去，你的信念将帮助你使其成为现实。”

如今，科学正在证明威廉·詹姆斯（William James）很久以前就知道的事情：你的信念创造了你的现实。你创造了你所相信的，你的世界就是你对现实的诠释。

换句话说，你对世界的认知，是你心灵的显现。

你的行为方式是由你的现实地图决定的，而不是现实本身决定的。我们每个人都是通过自己的信仰视角来看这个世界的，如果你认为自己没有足够的时间，想想会发生什么吧……

这并非胡说八道。在积极心理学领域和医学领域，有无数研究证明了信念的力量，如安慰剂效应（Placebo Effect），皮格马利翁效应（Pygmalion Effect）和自我实现预言（Self-Fulfilling Prophecies）。

这些研究表明，安慰剂效应的有效性是药物的55%~60%。例如在1998年《纽约时报》中提到的毒葛实验中，研究人员用一种无害的植物擦拭受试者的手臂，并告诉他们这是毒葛。之后，13名受试者全都出现了典型的毒葛疹症状。而当研究人员用真正的毒葛擦拭受试者的手臂并告诉他们这只是一种无害的植物时，只有两名参与者表现出相应的症状！

研究人员得出了以下结论：

- 你的信念会成为自我实现的预言。
- 我们的大脑会按照我们的预期行事。

但是还有更好的效果。20世纪60年代后期，罗伯特·罗森塔尔（Robert Rosenthal）和利奥诺·雅各布森（Leonore Jacobson）到一所小学对学生进行了一个“未来发展趋势测验”。

测试后，他们告诉老师，数据表明一些学生非常有发展前途。他们进一步要求老师们要保密，不可以对这些学生区别对待，也不可以到处宣扬，还说老师将被观察。

年底，他们又做了一次测试，那些被确定的学生取得了非凡的成绩。你可能会觉得这算不上惊喜。有趣的是，那些学生只是研究人员在第一次测试中随机挑选出的一些普通学生。

这证明了皮格马利翁效应：如果我们相信一个人的潜能，那么这种信念就会使其成为现实。这也适用于你的生活的其他方面。你对同事、配偶或孩子的期望可以使这些期望成为现实……所以，你最好总是期待他人的最佳表现！

罗伯特·迪尔茨（Robert Dilts）将信念定义为我们对自己、他人以及我们周围世界的判断和评估。信念是一种习惯性的思维模式。一个人一旦相信某件事是真的（不管是真的还是假的），即便是假的，他也会搜集事实来证明它是真的。

你以什么样的方式生活取决于你的信念体系。

所以要找到时间，你就必须改变你"没有时间"这一信念。一旦你开始相信你有时间，你就会发现它无处不在。

正如我之前提到的，你的信念就像是一个自我实现的预言，其中的工作原理如下：

你的信念影响你的情绪，你的情绪影响你的行为，你的行为影响你的结果。

我曾与一些有时间却不自知的人一起工作过。他们花了好几个小时的时间上网、观看 YouTube 上的视频或玩游戏，却十分肯定地说自己根本没有时间。

你没有时间是你的信念、想法和期望的反映。如果你想改变，就必须首先改变你的思维模式。

要知道，几十年来，人们一直认为一个人不可能在 4 分钟内跑完 1 英里。当时甚至有关于这个主题的科学论文和研究。然而在 1954 年 5 月 6 日，罗杰·班尼斯特（Roger Bannister）在牛津的一场比赛中证明：大家都错了。从那时起，已经有超过 1000 人做到了 4 分钟内跑完 1 英里。

我强烈建议你放下自己的限制性信念，如：

- 我没有时间。
- 不管我做什么，我总是有干不完的活。
- 我越干，活就越多。

· 我总是不能按时完成。

树立一些赋权信念，如：

· 我不知道我是如何做到的，但我似乎总能找到时间。

· 每天我都要完成我的工作。

· 我可以完全控制我的工作日，而且总是有时间储备。

· 我的工作效率很高，同事 6 个小时完成的任务，我用 2 个小时就可以完成。

问问自己以下问题

关于时间，我有怎样的信念？

要改变一个信念，就遵循这个练习，并对自己说：

1. 这只是我对现实的信念，并不意味着它就是现实。

2. 尽管我相信这一点，但这并不一定就是真的。

3. 创造与信念相反的情绪。

4. 想象一下相反的情况。

5. 要知道，信念只是你对现实的想法，并不是现实本身。

6. 每天花10分钟忽略那些看似真实的事情，假装你的愿望已经实现（拥有世界上所有的时间，感觉很放松）。

▬调动想象力，拥有无限时间

形象化是构建体验的基础资源。你大脑的潜意识部分无法区分完美的想象和现实。

这意味着，如果你很投入地去想象你是非常有效率的，并且连具体的细节都想象到了，你的潜意识就会相信你真的是这样的人。

然后你就会得到动力、机会和想法，这些将帮助你把自己变成一个更有效率的人。

这听起来像是在忽悠你吗？比如，单纯通过想象就可以进行运动训练吗？

嗯，实际上是可以的。有各种研究证实了形象化的力量。早在80年代，托尼·罗宾斯（Tony Robbins）就与美国陆军合作，使用形象化的方法大幅提高了手枪射击手的表现。

也有一些关于使用同样的方法来提高篮球运动员的罚球命中率的研究。结果令你想象不到！如果你仔细观察运动员，你就会发现，他们都会预先在脑海中将比赛的画面形象化。

如果它对于最佳专业滑雪者、一级方程式赛车手、高尔夫球手，网球运动员以及足球运动员都有效，他们都会在真正比赛的前几天和前几个小时预想赛况，那么为什么不把它用于实现你的效率目标呢？

众所周知，像杰克·尼克劳斯（Jack

Nicklaus）、韦恩·格雷茨基（Wayne Gretzky）和格雷戈里·洛加尼斯（Greg Louganis）这样的杰出运动员（仅举几个例子）都是以形象化的方式实现了他们的目标。

神经科学家通过新技术发现，当你想象某件事情（例如吃柠檬）时，大脑中的神经元会被激活，就像你真的在做这件事一样。

想象自己已经实现了效率目标，想象自己看到这一切并将所有感官融入其中：闻到它，听到它，感受它，品尝它。想象自己掌控着自己的一天，有足够的时间做任何事，你能感觉到这是多么放松吗？

你投入的情绪越多，它所带来的影响就越大。如果你每天都这样做15分钟，随着时间的推移，你会看到巨大的成果。为你的每日形象化腾出时间，可以是晨间仪式时，也可以是晚上睡觉前。

▬所谓时间多，就是能量高

要想富有效率，就需要大量的能量。这一章有很多关于如何提高能量和如何变得高效能的建议。这似乎是常识，但这里再强调一次“常识并不代表常见的行为”。你可能已经养成了这些习惯中的大部分，但没有什么比这更好的提醒了。

和正确的人在一起

看看你经常和谁在一起。吉姆·罗恩（Jim Rohn）曾说过一句名言："你是你最常接触的 5 个人的平均值。"从那以后，世界各地成千上万的讲习班和书籍都引用过这句话。事实证明，这并不是一句空话。积极心理学领域的大量科学研究证明：情绪实际上是会传染的。

据说，当你让 3 个陌生人待在一个房间里时，表达最多情绪的人会在短短两分钟内就将自己的情绪传递给其他人。

你有没有注意到，不管你是否愿意，当你感到焦虑或心情不好时，这些感觉都会对你的每一次互动产生影响？

同样的，你也会瞬间被明显的消极人物影响。想象一下，如果花很多时间和这样的人在一起会怎样。如果两分钟内就会受到消极人物的影响，那么想象一下，如果每天和这样的人一起工作 8 小时，或者每天和这样的人在一起生活，会对你产生怎样的影响。

幸运的是，积极的情绪也会有同样的影响。耶鲁大学曾经做过一个实验，在一个小组任务中，指定该小组的一名成员表现出明显的积极态度。实验过程全程录像，研究人员在会议前后对每个团队成员进行情绪追踪，之后对个体和群体的表现进行了研究。

猜猜结果如何？每当积极的团队成员走进房间时，他的情绪会立即感染周围的每个人。更重要的是，由于这个“快乐的家伙”的积极情绪，每个团队成员都提高了他们的表现力以及他们完成团队任务的能力。

在另一项实验中，安排成绩较差的学生和成绩好的学生住在一起，结果成绩较差的学生的平均分都有所提高。运动队也是如此，如果队里有一名快乐的队员，团队的表现力也会提高——队员越快乐，表现就越好。因此，你最好选择花更多的时间和那些能让你发挥出最好的一面的人在一起，和那些激励你、相信你、赋予你力量的人在一起，而不是和那些拖你下水的人在一起。

远离“能量吸血鬼”——反对者、指责者、抱怨者，远离那些总是评头论足、说三道四、说人坏话的人。

你身边的人可以激励你，使你获得勇气，帮助你采取正确的行动。但另一方面也可能会拖累你，消耗你的能量，并让你在实现人生目标和效率的过程中受阻。

不要花太多时间和那些整日无所事事并想要你变得和他们一样的人在一起，他们主要是为了证明自己有多懒（“让我们去吃3个小时的午餐吧，今天早点结束，去喝点啤酒。”）。并不是反对和朋友们喝啤酒，只是要你注意这是为了社交，还是在浪费时间。

如果你总是和消极的人在一起，久而久之，他们也会将你变成一个消极、愤世嫉俗的人。他们可能想要说服你留在原地，让你停滞不前，因为他们重视安全，不喜欢风险和不确定性。

史蒂夫·乔布斯（Steve Jobs）有句话是这样说的："不要让别人的意见淹没你内心的声音。"

如果你周围的人总是想要说服你，你就很难成长和发展。

不幸的是，拖累你的人往往是你最亲近的人，因为他们想要保护你。那么，如果是你亲近的人，你会怎么做？你唯一能做的就是让自己成为一个更出色、更有能量的人。

幸运的是，情绪的感染是双向的。如果你很快乐、充满能量，你也可能会感染身边的人。

如果你无法感染他们，随着你的成长和发展，消极的人很快就会离你而去，因为你对他们而言已经没有意义了。他们需要有人分享他们的消极情绪，如果你不这么做，他们会再去找其他人。

如果所有这些都不起作用，你就必须认真地问自己一个问题：你是否应该开始少花点时间和他们在一起，或者干脆不和他们在一起。这是你必须要做的决定。

我总是自动把那些不支持我的人从我的生活中分离出来，我从不后悔，尽管这并不容易。

我最喜欢的一句话是："如果你的朋友和家人不认为你完全疯了，你的目标就还不够大。"

这里有个小练习

• 列出你生活中所有和你共度时光的人（家人、朋友、同事）的名单。

• 分析谁对你来说是积极的，谁会拖你的后腿。

• 多花点时间和积极的人在一起，别再去和那些

“有毒”的人（指责者、抱怨者）在一起，或者至少少花点时间和他们在一起。

- 选择与支持你的积极的人为伍。

把你的身体当作圣殿

我们大多数人都会说健康最重要，然而，却有许多人喝酒、抽烟、吃垃圾食品，甚至吸毒，他们大部分空闲时间都是窝在沙发上度过的，不进行任何体育活动。这不是很矛盾吗？

遵循均衡的饮食，经常锻炼，保持身体健康，这样你的大脑就有了产生积极生活方式所需的所有营养。

如果你把以下这些小小的健康习惯融入你的生活中，你的效率可能至少会提高一倍：

- 多吃水果和蔬菜。
- 减少红肉的摄入量。

• 每天至少喝两升水。

• 少吃!

• 停止吃垃圾食品。

• 早起。

运动

我们都知道运动很好，但很少有人这样做。研究证明，每周运动 3 次对抑郁症患者的影响与服用抗抑郁药物的效果是一样的，令人难以置信吧！但还不止于此，运动者的抑郁症复发率只有 9%，而服用药物者的复发率超过 40%。

如果我告诉你运动对你有多重要，我想这对你来说并不是什么新鲜事。最好的借口总是：“我没有时间。”有趣的是，如果你花时间锻炼，你就会提高效率并最终获得更多的时间。

这里列出了每周锻炼 3~5 次会给你带来的好处：

• 让你保持健康。

• 能帮助你减肥，从而改善你的健康，也能让你看起来更漂亮。

• 让你感觉更好，拥有更多能量。

• 提高你的自信。

• 睡得更香。

• 减轻压力。

此外，研究表明，有规律的锻炼可以让人们更快乐，减少抑郁的症状，降低疾病的风险（心脏病、糖尿病、骨质疏松症、高胆固醇等），降低过早死亡的风险，改善记忆力，等等。

最后，不要强迫自己去锻炼，要把运动当成一种享受。找一项适合你并且你喜欢的运动，比如游泳。即使每天散步 1 小时，也会带来很大不同。

听你喜欢的音乐

听喜欢的音乐是一种能让你立刻感到快乐和有动力的简单方法，这会即刻提高你的效率。制作一张你最喜欢的音乐原声带来听，为什么不在你的iPod、手机或电脑上制作一张播放列表以供收听呢？这会大大提高你的效率。试试看！

我不了解你，但是对我来说，听着音乐工作会让我的工作状态更好。写作时，我会听古典乐或器乐；翻译时，有时我会听我最喜欢的Trance DJ的充满能量的电子音乐。

早起

早起1小时的第一个好处是你每年可以多赚365个小时。365个小时！

谁说“我没时间”？当客户来找我说他们没有时间时，我问他们的第一件事就是他们看了多少小时的电视。这通常会让他们获得自己所需要的时间。

那些停止看电视而仍然没有足够时间的人可以通过早起 1 个小时来获得时间。

日出前的早晨有一种非常特殊的能量。自从我在早上 5:30 或 6 点左右起床以来，我的生活发生了彻底的变化。

我通常在太阳升起前半小时出去散步，这样在我回来的路上，我就能看到太阳从地中海升起，这让我处于一种绝对幸福的状态，这种感觉非常棒！因此，我感觉更清晰、更专注、更平静、更放松，从而轻松开始新的一天。

对于那些不住在海边的人来说，从田野、森林甚至大城市里看到日出也同样令人兴奋。去看看吧，然后告诉我你的感受。

这样开始你的一天可以提升你的幸福感，给你带来内心的平静。早起的另一个好处是它可以让你更加自律，获得自尊。

所有这些好处都将对你的效率产生巨大的影响！

许多成功的领导人过去和现在一直是“早起鸟俱乐部”的成员：例如，纳尔逊·曼德拉（Nelson Mandela）、圣雄甘地（Mahatma Gandhi）、巴拉克·奥巴马（Barrack Obama），等等。

科学证明，每晚睡足 6 个小时，再加上下午小睡 30~60 分钟，你的睡眠就足够了。

你的精神状态取决于你的睡眠质量，而不是数量，但你必须试着弄清楚自己需要多少小时的睡眠。试一试吧，因为一旦你清楚这一点，就会极大地提高你的生活质量。

别忘了，早起是一个新的习惯，所以需要花些时间来养成这一习惯。如果你早起后仍然感到疲倦，不要在第一个星期后就放弃。这个习惯至少需要 3~4 周才能养成。如果你无法做到提前 1 个小时起床，那就试试提前半个小时。

记住，你对提前1个小时起床的态度、想法和信念也有很大的影响。对我来说，如果要我在睡了七八个小时之后去上班，那么早上6点45分起床是非常困难的，但在每一次假期之前，我通常只睡4个小时，还能在闹钟响之前醒来，而且感觉整个人精神焕发，充满活力。

最后，是起床还是按下小睡按钮由你自己决定。这取决于更好的生活方式和更多的时间对你来说有多重要。

阅读

马克·吐温说：“不读书的人与不会读书的人相比没有任何优势。”如果你每天阅读半小时，一周就是3个半小时，一年就是182个小时！你会掌握很多知识。在指导培训期间，我最初写下的目标之一就是

“多读”（虽然不是很具体，但确实有效）。那时候我已经很多年没读过书了。

现在我平均每周要读两本书。在过去的两年里，我学到的东西比我过去30年（包括国际商务学习）学到的还要多。所以一定要随身携带一本书。如果你能用睡前读一本好书的习惯来代替看电视的习惯，这除了可以令你心情平静外，还可以为你带来额外的好处——提高你的创造力。

还等什么呢？列出接下来的3个月里你要读的6本书！如果你不知道该读些什么，可以看看我的网页中的推荐。请你现在就开始吧！

休息

你可能认为自己不需要休息，宁愿每天工作10个小时以提高效率。再想想，如果你剥夺了自己的空闲时间，实际上这会降低你的效率，因为当你累了的时候，效率就会大大降低。你不仅会缺乏创造力，决策力也会变得更差。

偶尔休息一下，看看这对你有什么影响。你会发现你变得更有效率。建议你每小时休息 5 分钟。我通常在连续工作 4 小时后，每隔 2~3 小时就休息半小时。

改变你的姿势

这是一项来自神经语言程序学的练习：改变你的姿势，你的想法也会改变。我告诉别人这一点时，他们通常认为我是在开玩笑。但在你把这当成无稽之谈之前……先试一试！

当你感到悲伤和沮丧时，你通常会看着地板，肩膀低垂，变成一个伤心的人的样子，对吧？现在试一下这个方法：站直，昂首挺胸——你甚至可以通过抬头来夸大这个动作。感觉如何？如果你微笑，大笑，昂首阔步，你会发现自己感觉好多了。像那样走路是不可能感到难过的，不是吗？

关于这一课题的研究也越来越多。2009年，布莱恩、佩蒂和瓦格纳的一项研究发现，坐直的人相比没坐直的人更有自信！艾米·卡迪（Amy Cuddy）在TED环球会议上做了一场精彩的演讲，题目是《你的肢体语言塑造了你自己》（*Your body language shapes who you are*），讲的是她与哈佛大学的达纳·卡尼（Dana Carney）共同做的一项研究。研究表明，保持“有力量的姿势”两分钟可以增加20%的睾丸激素（提高自信）和25%的皮质醇（降低压力）。如果你有重要的演讲、聚会或者比赛，只要摆出自信的姿势，保持两分钟就可以提升你的自信，降低你的压力。双手叉腰，双脚开立（想想神奇女侠），或者背靠在椅子上，展开双臂，保持这个姿势至少两分钟……看看会发生什么！

你可以看一下艾米·卡迪的TED演讲《你的肢体

语言塑造了你自己》。它在我做演讲或在电台、电视上表演之前，给我带来了奇迹。

■庆祝小胜利，拥有更多时间

托马斯·皮特斯（Thomas Peters）说："不要忘记庆祝自己取得的进步。"在你提高效率实现目标的过程中，意识到自己的进步也很重要。

时不时停下来庆祝一下自己的胜利：庆祝自己比上个星期走得更远；庆祝自己已经完成了待办事项清单上的许多事情；庆祝自己周二有两个小时没接电

话，并且在这两个小时里工作超级专注；如果你想写一本书，每写2000字就庆祝一下。

不要忽视小小的胜利！这将有助于你保持动力。

完成的每个行动步骤都值得庆祝。不必搞多大的排场，你可以在大自然中散散步来庆祝；也可以休息一上午去博物馆转转；或者一个人去看电影；或者和爱人在一起。方式多种多样，但是一定要庆祝！

▬掌控关系，避开低效雷区

科学证明，如果你相信你能掌控自己的生活，你会更成功，也会更有效率。如果你是一个学生，你会感觉更快乐，会取得更好的成绩，会更有动力去追求自己真正想要的事业；如果你是一个有控制力的员工，你会做得更好，会对自己的工作更加满意。

只有一个人要对你的生活负责，那就是你自己！

你是你的生活和效率的设计师，你不是你的老板，不是你的配偶，不是你的父母，不是你的朋友，不是你的客户，不是经济，也不是天气。你是你自己！

如果你在生活中没有时间，你就是在做错误的决定。不怨别人想什么时候给你打电话就什么时候给你打电话，是你自己接起了电话。

并不是别人总是给你额外的工作，而是你太害怕了，不敢坚定地说："对不起，我不能接受这个任务。"

让你分心的不是别人，而是自己让他人分散了注意力。

当你停止为生活中发生的一切而责怪他人的时候，一切都会改变！

对你的生活负责意味着掌控自己的生活，并成为生活的主角。这是你能获得的自由的体验之一。

科学已经证明，相信你能掌控自己，你就能在生活的各个方面取得成功，而不仅仅是工作方面的成功——你会更快乐，工作压力小，更有动力，这是提高你的效率的最佳方式。

有趣的是，心理学家发现，要想获得所有这些好处，与你是否真的拥有这种控制力影响并不大；最重要的是你认为自己有这种能力。你的信念、期望和态度决定了你对这个世界的体验，这一点也不奇怪。

不要受周围环境的影响，你要获得创造自己想要的环境的能力，或者至少是决定在面对生活呈现给你的环境时你该如何行动的能力。

你的生活中发生了什么并不重要，重要的是你对发生在你身上的事采取什么样的态度。你所采取的态度是你自己的选择！

如果你因为没有足够的时间而责怪他人，那么要怎样才能让自己找到更多的时间呢？所有其他人都必须改变？我的朋友，我告诉你，这是不可能的。

但是如果你是主角，你就有能力改变生活中你不喜欢的事情。你可以控制自己的思想、行为和感受；你可以控制自己的时间，也可以决定花时间和谁在一起。

如果你不喜欢自己的现状，就请改变你的想法、情绪和期望。停止对他人的反应，开始回应。反应是自动的，而回应是有意识地选择你的反应。

你的生活并不是外部因素决定的。生活总会有意外，但你可以选择自己的行为。你的问题的解决方案并不在外部，因为你有选择。你的成功只取决于你自己。

你越早接受这一点越好。是的，好人也会遇到糟糕的情况。但是你仍然可以选择在这种情况下做到最好。

可以控制时就采取行动，无法控制时就接受，最重要的是，不要在你无法控制的事情上浪费时间。

“受害者”说：“我生活中所有不好的事情都是

别人造成的，都怪他们。”但是如果你不是问题的一部分，那么你也不可能成为解决办法的一部分，或者换句话说，如果问题是由外界造成的，那么解决办法也是外在的。

所以，再说一次：即使你无法控制外部环境不断带给你的刺激，你也可以自由地选择自己将如何面对这种情况的行为。

有“受害者心态”的人只会做出反应，他们永远是无辜的，并且不断地将自己的生活境遇归咎于他人，他们以过去为理由，将希望寄托在未来，希望未来会奇迹般地带来解决问题的办法或改变那些制造麻烦的人。这样做相当冒险，因为几乎不可能发生任何一种情况。

生活的主角知道自己是有责任的，他们会选择适当的行为，并对自己负责。他们把过去当作宝贵的经验，从中学习，他们活在当下，他们能看到不断变化的机会，决定并追求他们未来的目标。

最重要的问题是：“当生活把这些呈现在你面前时，你会怎样做？你会选择成为怎样的人？”

选择和决定

你的生活是你所做决定的结果。你是否认同这一观点？从此刻开始，你要意识到，你有能力通过自己的决定掌控自己的人生。

你的每一个决定，每一个选择都会对你的生活产生重要的影响。事实上，你的生活是你过去所做的选择和决定的直接结果，每一个选择都有一个结果。

最重要的是做决定。这个决定是对是错不重要，因为你很快就会收到有助于自己进步的反馈。一旦你做了决定，就要接受它带来的结果。如果是错误的，就从错误中吸取教训并原谅自己。因为，这是你在当时已有的知识条件下做出的最好的也是最正确的决定。

你的态度+你的决定=你的生活

维克多·弗兰克（Victor Frankl）是“二战”期间被关押在德国集中营的犹太心理学家。他几乎失去了整个家庭，只剩下一个妹妹。在这种可怕的情况下，他开始意识到即使是纳粹的监狱看守，也不能剥夺他的“终极人类自由”。他们可以控制他的外在环境，但这样的环境最终会对他产生怎样的影响，是他自己的选择。

他发现，在刺激和反应之间有1个小的时间空间，在其中他可以自由选择他的反应。这意味着即使你不能控制生活呈现给你的环境，你也可以在面对这些环境时选择你的反应，这样做会对你的生活产生巨大的影响。

换句话说，伤害我们的不是发生在我们身上的事，而是我们对发生在我们身上的事的反应。最重要的是我们如何应对生活中发生的事情。这是一个选择。

你想要更多的时间吗？那就在以下几个方面做出更好的选择：身边的人，计划工作的方式，帮别人什么忙，接哪些电话，等等。你现在已经知道了要怎样做才能变得更有效率，怎样才能找到更多的时间。而你要做的就是决定把这些知识应用到生活中。没有任何借口！

■微笑的信号，高效助推力

笑一笑，即使你不喜欢这样做。微笑可以提高你的生活质量、健康状况、人际关系……还有你的效率。事实证明，每一点小小的快乐都能提高你的工作绩效和效率。

如果你还没有这样做，今天起就开始有意识地微笑吧。

大笑和微笑对健康非常有益！科学已经证明，每天大笑或微笑可以改善你的精神状态和创造力。所以多笑笑吧！

每天至少看1个小时的喜剧或有趣的节目，让自己开怀大笑。一旦你养成这个习惯，你会感觉好很多，感觉充满活力。试试看！

堪萨斯大学的塔拉·克拉夫特（Tara Kraft）和萨拉·普雷斯曼（Sarah Pressman）博士的研究表明，微笑可以缓解压力反应。无论你的内心是否快乐，微笑都有助于减缓心率，降低压力水平。

事实证明，你的情绪会影响你的生理机能，反过来，你的生理机能状况也会影响你的情绪。微笑会向你的大脑发出一个信号，告诉你一切都好。

下次当你觉得有压力或不堪重负的时候，就试试微笑，然后告诉我是否有效。如果你觉得自己没有理由微笑，就用牙齿咬住笔或筷子。模拟微笑的表情，可能会产生同样的效果。

如果你还需要更多的微笑动力，那就去看看韦恩大学关于微笑的研究吧，这项研究发现了微笑与长寿之间的联系：微笑可以长寿。

当你微笑时，你的整个身体都向世界发出“生命是伟大的”的信息。研究表明，人们认为微笑的人更自信，也更有可能得到他人的信任。人们喜欢和微笑的人在一起。

微笑的其他好处还有：

• 释放血清素（使我们感觉良好）。

• 释放内啡肽（降低疼痛）。

• 降低血压。

• 增加清晰度。

• 增强免疫系统功能。

• 拥有更积极的人生观（试着在微笑的时候做一个悲观主义者……）。

■激发潜意识，你就是高效能人士

威廉·詹姆斯的话很有道理："如果你想拥有一种品质，就表现得好像你已经拥有了它一样。"

"假装"表现得好像你已经很有效率，表现得好像你已经拥有了高质量的生活、高质量的生活方式、高质量的工作。

如果你想变得更有效率，你就必须开始表现得好像自己已经做到了。

像高效能人士一样说话，像高效能人士一样走路，摆出像高效能人士一样的身体姿态。

你的潜意识无法区分现实和想象。充分利用这一点，表现得就好像你已经拥有了某种力量、某种性格特征等等。在神经语言编程训练中，这被称为建模。

要想成功并富有效率，一个好方法就是观察和模仿那些已经成功并富有效率的人。如果他们做到了，你也能做到。如果你仔细观察，最成功的人往往也是最有效率的人。

这非常有用！实际上我就是这么做的。我运用了高效能成功人士在他们的书和演讲中提到的所有技巧而变得富有效率。看看我：六七年前，我没有什么效率，也没有任何条理，而今天，我正在写一本关于效率的书……

开始假装，看看会发生什么。假装直到你变成自己想要的样子！

■心态好的人，效率都不会太低

你的态度决定一切，包括你的时间管理。

它能极大地改变你看待事物的方式，也能改变你面对事物的方式。如果你接受游戏规则，你在生活和工作中遭受的痛苦就会减少。人生是由欢笑与泪水、光明与阴影组成的。你必须接受那些糟糕的时刻，改变你看待它们的方式。发生在你身上的每件事既是挑战，也是机会。

即使在最糟糕的情况下，也要看到生活中积极的一面。每件不好的事情的背后都隐藏着一些好的东西，只是有时候可能需要一些时间才能发现。花点时间回顾一下：你的伴侣离开了你，你感觉被摧毁了，但是今天的你拥有了新的爱情，你比以往任何时候都更幸福；一笔生意失败了，但是今天的你很高兴，因为一个更好的机会出现了……

记住：生活中发生了什么并不重要；重要的是你对发生在你身上的事情的反应，你对事情的反应决定了你的生活。

生活中有时快乐，有时悲伤，而快乐与悲伤取决于你自己的心态。

许多年前，所有成功学老师和积极的思考者都是这样说的："如果生活给了你一个柠檬，那就加点糖，把它做成一杯甜美的柠檬汁。"年轻的读者可能会说：

“如果生活给了你一个柠檬，你可以要一些盐和龙舌兰酒。”你明白我的意思了吧？

所以，请允许自己犯错误并从中吸取教训，承认有些事情自己并不知道。你要敢于寻求帮助，让别人的帮助带给你惊喜。

把你生活中所做的事和你想做的事（最好是从现在起）区分开来。从现在开始，找回你的生活。你可以做到这一点，最重要的是，这是你应得的。

■不要输在说话上

托尼·罗宾斯（Tony Robbins）说："唯一能够阻挡你去获取你想要的东西的事情，是你一直在告诉自己为什么它不属于你。"

注意你的言语。不要低估言语的影响，言语的力量非常强大！我们如何描述我们的经历，会变为我们真正的经历。你可能在生活中遇到过言语伤人的时候。不仅和别人说话时会有这样的情况，和自己说话时也会有这样的情况。是的，这个小小的声音在你的脑海中——就是那个刚刚问“声音，什么声音？”的声音。

言语会影响你的表现，也会影响他人的表现和心态。还记得皮格马利翁效应吗？你对自己或他人的期望是通过你的言语传递的，你的言语不仅对你的结果有影响，而且对你的朋友、同事或家人的结果都有非常强大的影响。

你整天对自己说什么，你就会变成什么样！你内心的对话就像催眠师不断重复的暗示。你是不是经常抱怨没有时间？你在跟自己说什么？

如果你总是说自己永远没有时间，恐怕你的生活真的会变得如此。

反过来，如果你说你总是有时间并且是一个高效能人士，你就会反映出这一点，外部环境也会随之改变。当然，光靠说话是不够的。你必须采取行动，运用一些你已经学会的时间管理技巧。

内心的对话对你的自尊心有很大的影响。所以要小心你描述自己的方式。比如，“我很懒”“我是个灾难”“我永远也做不到”“我就是不能按时完成任务”，或者我个人最喜欢的“我累了”。当然，你越是告诉自己累了，你就会越累！

注意你内心的对话是非常重要的。你与自己沟通的方式会改变你的想法，你的想法决定你的态度，你的态度决定你的行为，这最终会影响你的结果和别人对你的态度。

保持与自己积极的对话，例如“我想要获得极大的效率”“我想要有很多的空闲时间”“上帝，我很好”，因为你的潜意识不理解“不”这个词的意思。它会把你说的话图像化。

不要幻想！知道吗？我敢打赌你只是在幻想。

我再重复一遍，请专注于你想要的。记住，你的话语，尤其是你问自己的问题，对你的现实有很大的影响。我告诉我的客户永远不要告诉我或他们自己没有时间，而是要问："我怎样才能找到更多的时间？"或者，"我怎样才能完成更多的工作？"

如果你问自己"怎么做"，你的大脑就会寻找答案并想出答案。好在你可以通过改变你的语言来改变你的生活——以一种积极的方式和自己交谈，并开始问自己不同的问题。

为什么要等？现在就开始问自己不同的问题吧！

强大的两个字："如果"

爱德华·E. 琼斯（Edward E. Jones）说："我们的期望不仅会影响我们看待现实的方式，也会影响现实本身。"

永远期待最好的！生活并非予取予求，但它一定会为你展开期望的图景。你期望成功吗？还是你把大部分时间都花在担心失败上了？你对自己和他人的期望来自你潜意识里的信念，这对你的成就有着巨大的影响。你的期望会影响你的态度，你的态度会影响你的效率，也会影响你采取行动的意愿，以及你与他人的所有互动。

我们中的许多人都清楚这一切，但大多数人在问自己最喜欢的一个问题“如果……会怎么样”时，想的都是消极的结果。

我们通常关注的是：“如果行不通，怎么办？”“如果马克写的东西不管用，怎么办？”“如果我不能完成工作，怎么办？”“如果我总是找不到时间，怎么办？”

然而，这感觉一点也不好，这使我们总是把注意力放在我们害怕的事情上。为什么不反过来问自己：“如果成功了，会怎样？”“如果效果很好，会怎样？”“如果这本书改变了我的生活，会怎样？”“如果这东西管用，会怎样？”“如果我按时完成这个项目，会怎样？”“如果我终于有时间了，会怎样？”

只要调整一下问问题的方式，就可以改变你自己、你的能量和你得到的答案，这会改变你的想法和你的内心对话。

突然间，你开始在脑海中问一些积极的“如果”问题，而不是消极的问题。改变你的想法的好处是：

- 可以减轻你的压力、恐惧和焦虑。
- 让你感到更平静。
- 提升你的能量水平。
- 让你成为自己经历的创造者。

试一试！你刚才读的时候感觉如何？列出你所有的恐惧和消极的“如果”，然后把它们全部变成积极的。

第 四 章

——如何成为时间管理高手——

■别在疲倦的时候选择继续

倦怠会悄悄地潜入你的生活。如果你注意到自己有以下症状，就要小心了。

· 你工作的时间越来越长，完成的事情却越来越少。

· 你睡得不太好了。

· 你开始讨厌自己所做的事情，并质疑自己是否值得这么做。

• 你整天坐在电脑前，最后却发现自己什么也没做。

• 通常只需要几个小时就可以完成的事情，现在却需要几天来完成。

有动力在生意或事业上投入大量精力和慢慢地精疲力竭之间只有一条细微的分界线，所以，一开始你甚至注意不到这一点。当你发现你只是日复一日地投身于工作却失去了工作的乐趣时，你可能已经处于这条线的交叉点上了。

问问自己以下问题：

• 你失去热情了吗？

• 你现在做的事情比以前少了很多吗？

• 你没有了想法和动力？

• 对你来说，早上起床去上班很困难，甚至可以说讨厌？

如果你对其中的一个或多个问题的回答是肯定的，那么你就要注意自己是不是太累了。

许多人认为，为了自己的生意或事业，他们必须每天工作20个小时，一天都不能休息，周末也不能。但不幸的是，这正是通往倦怠的快车道。

正如我们现在所了解的，时不时地休息一下和周末放个假并不会损害你的效率，反而会提高你的效率。

不要再一周工作60个小时了，不要以为一旦你成功了，就可以不用再长时间地工作了。现在开始，缩短你的工作时间，休息一下，这样你会更快地取得成功。

我敢打赌，如果尽可能多地使用这本书中的技巧，大部分读者都可以把自己的工作时间减半。当然，你必须努力工作，但想要富有效率，你可能不需要投入那么多时间，只需充分利用时间（记住帕累托法则）。

投入时间和浪费时间是有很大区别的。

时不时地休息一下会让你精力充沛，之后你能完成更多的工作。你也会变得更有创造力，能够获得新的想法，变得更快乐，因此可以更好地应对你前进道路上的障碍。我甚至可以说不休假就是浪费工作时间！

当你发现你的工作量没有达到预期，发现自己总爱忘事时，或者感觉自己只是盯着电脑屏幕好几个小时却什么也没做的时候，就该休息一下了。

如何防止倦怠

- *每周至少休息一天。*

保证充足的睡眠。大多数情况下，如果能在晚上 12 点前上床睡觉最好，然后第二天早起。如果你一直工作到凌晨2点，那么第二天你的工作效率通常会降低。当然，这也取决于你自己的节奏。如果你是个夜猫子，12点之后睡觉也许对你并没有什么影响，你必须自己试试，但是睡眠不足肯定会加速身体倦怠。

• 善待自己。

读一本好书、看个电影、做个按摩、看看日出、到海边坐坐、散散步、洗个泡泡浴，等等。善待自己会给你的效率带来奇迹，同时还能提升你的自信和自尊。

• 项目选择。

还记得帕累托法则吗？找出那些带来了80%金钱的20%的项目，然后把其余的都抛弃。放弃那些需要耗费大量时间、投入大量精力却回报相对较少的项目，对你所要接受的新项目应有选择性。遇到自己不想要的项目更好，你可以把价格提高一倍。如果你仍然得到了这个项目，就把大部分都外包出去。

▬深度管理

管理好你的时间

- 花几个小时明确你要做的事情。

- 计划——前一天花15分钟或者在你开始一天的计划之前花15分钟的时间做计划。

- 确定任务的优先顺序。

- 先做不想做又必须做的事。

• 将时间进行区块化管理，学会说“不”。

• 将类似任务分组（“批处理”）。

• 使用任务列表。

• 记录中断日志。

• 记录自己的时间，至少记录一个星期。

冲突

• 为了理解而倾听，不是为了回答而倾听。

• 谈判“双赢局面”。

• 寻求合作而不是对抗。

• 愿意迈出第一步。

• 解释你的需求和原因，让别人知道他们可以如何帮助你。

• 深呼吸。

• 记住：“我们看到的并不是世界的本来面目，而是我们自己眼中的世界。”

整理你的电子邮件

• 为整理“大”收件箱留出时间。

• 根据需要整理或创建文件。

• 将所有超过1个月的电子邮件转移到“临时文件”（如果你6个月内都没碰过它们……请将其删除）。

• 将项目划分为较小的任务——每天花1个小时处理电子邮件。

• 保证每天晚上回家前已将邮箱整理完毕。

• 记住：现在就做——归档以备后用、委托、存档以供参考、删除。

• 你越是拖延这项任务，邮箱就会越变越难看……

• 早晨第一件事就是处理来自世界各地的电子邮件。

• 让你的团队仅备份真正重要的电子邮件。

• 使用Skype（或类似的软件）处理内容相同的

多个电子邮件。

• 至少安排一个上午或下午来完成，期间不受任何干扰。

快速工作

• 设定目标，并为每个目标分配时间。

• 保证遵守既定时间。

• 避免分心。

• 将类似任务分组（批处理）。

• 利用整块时间完成任务，不要让别人打断你。

• 学会说“不”。

• 专注于你的目标，将结果形象化，分清事情的轻重缓急。

• 记住帕累托原则：20% 的努力会带来 80% 的成果。

工作太多

- 定义优先级——时间管理矩阵。
- 为最重要的任务分配时间，并坚持下去。
- 检查一下你要做的事情是否真的有必要去做。可以委派他人或进行任务自动化处理吗？
- 你是否需要和你的老板谈谈你的工作量的问题？

当你依赖他人时

- 写下你需要从别人那里得到什么。
- 写下这个人对你的延误有着怎样的影响。
- 提前考虑如何达成解决方案或提出替代方案。
- 使用积极的语言。
- 和此人开个会或打个私人电话。
- 诚实、礼貌、善解人意。
- 如果这个人无视你的要求，就和你的老板谈谈。

如何应对干扰

- 学会以友好的方式说“不”，稍后再做安排。
- 告诉他人，从现在起，如果你的“请勿打扰”的时间段得到尊重，你将不胜感激。
- 使用耳机。
- 去一个你不会被打扰的地方。
- 让电话转到语音信箱。
- 与同事协商，在你忙的时候能够将电话转接。
- 分析是否真的有必要参加所有被邀请的会议。
- 帮助他人，但不要使之成为一种长期的习惯。

万事紧急

- 确定每项任务的轻重缓急并检查其重要性。
- 如果你到了所有事情都很紧急的地步，则必须调整工作量。

• 分析你所有的任务都很紧急的原因：你是否在拖延？你做事有条理吗？你的同事做事有条理吗？有什么技术方面的问题吗？

• 避免任务间跳转。

• 用平静的声音解释你即将结束任务一，完成任务后你将进入任务二……

• 礼貌地说明你的任务将何时完成。人们并不想听到你说你很忙，他们只是想知道你什么时候能完成工作。

注意力管理

• 把你一天要做的事情列一个清单。

• 确定优先事项。

• 承诺在一天结束前完成任务。

• 奖励自己完成任务。

• 请同事帮助你达成当天的目标。

· 拔掉电话线。

· 断开所有让你分心的事情。每天至少有1个小时的时间是不受他人干扰的。

在践行过程中缺乏一致性和承诺

· 每天迈出一小步——如果你失败了，别泄气，第二天再试一次。

· 记住，没有人能够代替你做这些。

· 每天早上先做不愿意做又必须做的事情，坚持一周并检测效果。

· 奖励自己。

· 使用易于使用的工具（列表、分组任务等）。

多任务处理

· 避免多任务处理——许多研究表明多任务处理效率较低。

• 使用时间管理矩阵，一次只做一件事。

• 你需要做到自律：避免经常查看电子邮件；不要回复短信或私人电话；不要分心去做那些不重要的事情。

• 用“时间块”来计划你的一天，这样你可以把时间花在特定的任务上并坚持到底。

• 每当完成一项任务，就休息一下，然后进行下一项任务。

环境嘈杂

• 用耳塞。

• 将你的工作场所换到一个安静的地方。

• 戴耳机。

• 把重要的事情放在早上、中午或晚上做。

• 如果事情变得很糟糕，那就出去走走，整理一下思绪。

害怕犯错

• 我们都处于不断学习的过程中，所以，寻求帮助吧！你的老板会理解的。

• 记住：紧张总比事后后悔好。

• 如果最坏的情况发生，从哲学的角度思考：我们从错误中学到了更多。

• 和你的老板谈谈，说明哪些方面需要帮助（培训、指导、辅导等）。

跟进客户的问题

• 使用电子日历。

• 像安排会议或其他任务一样安排后续工作。

• 设置电话闹钟。

• 将“问题”作为一项任务写下来，并确保跟进。

因好奇而查看收到的电子邮件

• 关闭电子邮件提示音。

• 指定一天中访问电子邮件的具体时间。

• 承诺不查看电子邮件。没有人能强迫你做不想做的事。

• 当你克制自己不去看收件箱时，奖励自己。

• 记录下你每天来来回回看邮件花了多少时间，并将之与你专注于工作且每天只查看几次电子邮件时所花费的时间进行比较。

会议太多

• 评估你是否真的有必要参加所有的会议。

• 如果参加，要一直待到会议结束吗？

• 尽量安排几天不开会的日子，以便集中精力完成其他任务。

• 派代表出席会议或完成其他任务。

▬时间的重建

我希望你能好好看看这一节。本节是对生活中最“危险”的时间劫匪以及如何对付时间劫匪的一个总结，我添加了这一节，以确保你的效率更上一层楼。如果你能对这些时间消耗进行有效的管理，它们是不会损害你的效率的。

电子邮件

关闭电子邮件通知可以提高你的效率（记住，每一次哔哔声或震动都会分散你的注意力，使你浪费7~25分钟的时间）。

- 为自己设定一天中固定的时间来查看电子邮件并设定一个时间限制。例如，一天3次，每次半小时，分别在上午、下午和晚上。
- 对于那些需要更长时间才能回复的邮件，可以先给他们发一条简短的信息，比如“您的邮件已收到，稍后给您详细回复”，并将其添加到你的任务列表中。
- 整理你的电子邮件收件箱。
- 为私人邮件和工作邮件设置不同的账户，这样私人邮件就不会让你分心。
- 创建一条“离开”消息，告诉发件人你收到了他们的电子邮件，并且你将尽快回复他们。

· 为你发送的类似邮件创建电子邮件模板。

互联网

通常你会上网搜索一些信息，然后不知不觉中就到了午餐时间，这时你已经在 YouTube 上随意浏览了 2 个小时的视频。人们很容易迷失在无尽的网络空间里。

· 最好的解决办法是远离网络！如果你必须上网，请记住：你要上网干什么？你要找的具体信息是什么？你想完成什么任务？

· 退出社交媒体账户。

· 关闭手机上社交媒体应用的通知。

· 利用空闲时间或休息时间使用社交媒体。例如，在超市排队时通过移动设备回复信息。我通常在火车上使用社交媒体。如果你在工作中需要使用社交媒体，那就为它安排一个固定的使用时间，在使用时专注于你的任务；如果没有安排，就不要开启。

电话

并非所有的电话都很重要，你也不需要接听所有的电话。虽然偶尔你可能会别无选择，只能接听电话。

• 尽量缩短通话时间，专注于重要业务，从而最大限度地提高效率。

• 把电话转到语音信箱，让对方知道什么时候可以得到回复。

• 安排个时间给对方回电话。

• 在特定的时间内将来电转给同事。同事可以通知打电话的人什么时候可以给你打电话。为你的同事做同样的事情，这样他们也可以变得更有效率。

会议

关于会议，我个人的意见是：要么跳过，要么不要（毫无成效的会议显然对我造成了伤害）。如果做不到这一点，那就把会议减到最少，并尽可能缩短会议时间。

- 有一个明确的开始时间和结束时间。
- 让每个人都知道会议的目标是什么。
- 专注于重要的事情，在开会前让与会者知道需要做什么。
- 召开站立会议或步行会议，这样会议通常会更快结束。
- 如果可以，尽可能使用谷歌环聊（Hangouts）或 Skype 来开会，而不是面对面会议。

同事

如果同事让你分心，可以用以下几种方法应对：

• 与外界隔离。关上门。使用耳机（就像我在火车上写这一章时一样……）。

• 在能够掌控自己的任务之前，对他人的请求说“不”。

• 告诉别人你很忙，并告诉他们什么时候可以找你。

• 稍后向他们提供帮助。

杂事

有些事情是必须要完成的。以下是处理这种事情的 4 种方法：

• 消除。

• 委托。

• 外包。

• 自动化处理。

千万不要为你的同事、家人和朋友跑腿。如果你是为每个人跑腿的人，你将永远都找不到时间。花大量时间帮别人跑腿，帮了很多人的忙，每个人都会喜欢你这个好人，但你永远不会有时间。如果你是一个企业家，你可能会破产。所以请留意你自己的工作。（如果你为每个人跑腿并且仍然很成功，拥有大量时间，请告诉我。我还从未遇到过这样的人！）

盲目娱乐

在检查我的客户的时间时，我发现很多时候他们在一些不需要动脑筋的娱乐项目上浪费了很多时间：电视、视频游戏、社交媒体、YouTube 视频、网络游戏，等等。

时不时地将思想从工作中解放出来，稍微分散一下注意力是很重要的。但是当你失去对它的控制时，或者当你无法区分放松时间和工作时间时，问题就出现了。

所以，请为你的工作和娱乐设定明确的规则和时间。该工作时工作，该娱乐时娱乐。

总 结

我希望你过得开心，希望你现在掌握了很多技巧并养成了一些好习惯来帮助你提高效率，从而帮助你做更多的事情：有更多的时间陪伴家人，有更多的自由时间，或者有更多的时间来赚钱。

不管你做什么决定，都是你自己的选择。没有任何借口。你现在应该明白了“我没有时间陪你”，大多数时候意味着“你对我来说不够重要”。

记住，你不必实践本书里的所有内容，只需从这本书里的一两个习惯开始就可以，你甚至不必非得做什么大事。正如你从史蒂夫（那个压力很大的销售经理）的例子中看到的，仅仅是每天改变一些小事情就可以为你赢得大量的时间。

重要的是要去做！记住，不断完成的小步骤可以带来巨大的成果。

不要等待未来奇迹般地解决你的时间管理问题，要学会自我掌控。从现在开始，我向你保证，一年后，你会感激自己今天的开始。

对于初学者来说，可以练习如计划、日程安排、优先级排序等基础知识。养成两到三个提高效率的习惯，并了解效率的内在游戏。你能行的！

请让我知道你对这本书的看法。正如你在开头所看到的，我真的非常重视你的反馈。欢迎建设性的批评，这将帮助我改进我以后的书，甚至是改进本书将来版本的质量。

你可以通过 Facebook、Twitter 与我联系，或者发邮件给我 marc@marcreklau.com。我喜欢和我的读者保持联系。

如果你能抽时间留下一篇真诚的评论，那就太好了，这可以帮助其他人找到这本书（如果给予五星评价就更好了）。

祝您一切顺利，并愿您拥有更多的时间！

关于作者

马克·列克劳（Marc Reklau，生于1973年，德国内卡河畔埃斯林根人），导师、演说家和个人发展专家。在经历了从故乡到美国、墨西哥和西班牙这段奇妙而有意义的人生旅程后，他终于找到了自己的使命——导师。

目前，他一边在巴塞罗那的海滩上散步，一边指导来自世界各地的客户。马克的使命是让人们能够创造他们想要的生活，并为他们提供资源和工具来实现梦想。他每周至少花20个小时学习、研究并应用成功和幸福的原则或秘诀。

他传达的信息很简单：很多人都希望改变生活中

的一些事情，但很少有人愿意在一段时间内不断地做一套简单的练习。你可以通过养成良好的习惯来帮助自己在生活中计划并创造成功和幸福。

马克的第一本书《出众，从改变习惯开始》“一夜之间”成为亚马逊畅销书（经过一年的努力）。在72小时内获得4万次下载之后，这本书在全球7家Kindle商店的同类付费畅销书排行榜上一举成名，并一直保持至今。截止到2016年6月，它的总销量和下载量已超过13万。

如果你想聘请马克做指导或演讲，可以直接在他的主页www.goodhabitsacademy.com上与他联系，在那里你还可以找到更多关于作者以及他的工作的信息。

作者的其他书籍

《出众，从改变习惯开始》

这本书里有帮助你创造你想要的生活的最佳策略。它以科学、神经科学、积极心理学和现实生活中的例子为基础，并包含了最好的练习，以帮助你迅速创造动力，走向更幸福、更健康和更富裕的生活。

如果你坚持不懈，养成新的习惯，30天真的会有大不同！

从无业到亚马逊畅销书作家

从无业到亚马逊畅销书作家，马克·列克劳用简单、循序渐进的方式撰写、自行出版、营销和推广他的书，使其在亚马逊上的总销量和下载量超过13万。

致谢

首先感谢我的家人，他们仍然无法相信自《出众，从改变习惯开始》（*30 Days – Change your habits，Change your life*）出版以来所发生的一切，还要感谢一直支持我的朋友们。

感谢在过去的12个月里走进我生活中的朋友，也要感谢那些已经离开我的生活并且处于不同道路的人们。

最后要特别感谢您，我亲爱的读者。

感谢您阅读本书或在亚马逊上下载本书，感谢您花宝贵的时间阅读本书。

希望当您阅读完本书后，您可以在生活中找到更多的时间。